Doris Muliar

KETOGEN KOCHEN

MIT DEM THERMOMIX®

Doris Muliar

KETOGEN KOCHEN MIT DEM THERMOMIX®

75 kohlenhydratarme Rezepte zum Abnehmen

riva

Bibliografische Information der Deutschen Nationalbibliothek
Die Deutsche Nationalbibliothek verzeichnet diese Publikation in der Deutschen Nationalbibliografie. Detaillierte bibliografische Daten sind im Internet über https://dnb.de abrufbar.

Für Fragen und Anregungen
info@m-vg.de

Wichtige Hinweise
Sämtliche Inhalte dieses Buches wurden – auf Basis von Quellen, die die Autorin und der Verlag für vertrauenswürdig erachten – nach bestem Wissen und Gewissen recherchiert und sorgfältig geprüft. Alle Rezepte in diesem Buch wurden für den Thermomix® TM5 entwickelt und mit diesem getestet. Bitte beachten Sie: Der Mixtopf des Thermomix® TM5 ist größer als der des TM31 (Kapazität von 2,2 Litern anstatt 2,0 Liter beim TM31). Daher dürfen aus Sicherheitsgründen die Rezepte aus diesem Buch nur dann mit dem TM31 nachgekocht werden, wenn die Mengen angepasst wurden. Achten Sie auf die Füllstandsmarkierungen und überschreiten Sie die maximale Füllmenge nicht. Der Verlag und die Autorin haften für keine nachteiligen Auswirkungen, die in einem direkten oder indirekten Zusammenhang mit den Informationen stehen, die in diesem Buch enthalten sind. Thermomix® ist ein eingetragenes Warenzeichen der Vorwerk & Co. KG. Diese Publikation ist kein offizielles Lizenzprodukt der Vorwerk & Co. KG.

Ausschließlich zum Zweck der besseren Lesbarkeit wurde auf eine genderspezifische Schreibweise sowie eine Mehrfachbezeichnung verzichtet. Alle personenbezogenen Bezeichnungen sind somit geschlechtsneutral zu verstehen.

Originalausgabe
4. Auflage 2025

Türkenstraße 89
80799 München
Tel.: 089 651285-0

Redaktion: Caroline Kazianka
Umschlaggestaltung: Sonja Vallant
Umschlagabbildungen: shutterstock.com/marco mayer, shutterstock.com/Elena Shashkina, shutterstock.com/Olga Larionova, shutterstock.com/Irina Rostokina; shutterstock.com/Brent Hofacker; shutterstock.com/Timolina
Satz: inpunkt[w]o, Haiger (www.inpunktwo.de)
Druck: Florjancic Tisk d.o.o., Slowenien
Printed in the EU

ISBN Print 978-3-7423-1084-2
ISBN E-Book (EPUB, Mobi) 978-3-7453-0715-3

Weitere Informationen zum Verlag finden Sie unter
www.rivaverlag.de
Beachten Sie auch unsere weiteren Verlage unter www.m-vg.de

INHALTSVERZEICHNIS

VORWORT

Wenig Kohlenhydrate, viel Fett und mäßig Eiweiß – das ist ketogene Ernährung, kurz Keto. Damit lassen Sie sich auf eine Ernährungsweise ein, die wahrscheinlich ziemlich genau das Gegenteil von dem ist, was Sie bisher gewohnt waren.

Alles, was Sie in der Vergangenheit an Trend-Diäten versucht haben, hatte keinen bleibenden Erfolg? Diäten, bei denen die Kohlenhydrate in Form von Teigwaren, Getreide und vor allem Zucker eingeschränkt werden, wie Low-Carb oder Paleo, werden gerne als ungesund hingestellt, weil sie angeblich zu viel Cholesterin und Eiweiß beinhalten. Die Atkins-Diät, ein Vorläufer der modernen ketogenen Ernährung, wird bis heute verteufelt, steht sie doch meist für massenhaft Fleisch und Unmengen von Eiern mit Speck.

Bei so viel schlechtem Image bekommt auch die ketogene Ernährung gleich von vorneherein buchstäblich ihr Fett weg. Dabei ist sie keine – wie vielfach behauptet wird – extreme Ernährungsweise, kein neuer Hype. Keto kann sich auf 10000 Jahre Genom berufen – den Stoffwechselzustand, nach dem unsere Gene heute noch programmiert sind. In unserer Genetik ist es keineswegs vorgesehen, täglich große Mengen an Getreide und Zucker zu essen, denn das gab es für die Jäger und Sammler nur selten in Form von Wildgräsern und Beeren. Hauptnahrungsquelle war das Fleisch erlegter Tiere, wesentlicher Energieträger das Fett darin. Also das, was die Nahrungsmittelindustrie in Form gesättigter Fettsäuren als Hauptverursacher vieler Erkrankungen ausgemacht haben will.

Sogar neugeborene Babys, die gestillt werden, befinden sich zunächst in diesem angeborenen Stoffwechselzustand – etwa ein Viertel der Energie wird von Ketonkörpern bereit gestellt, welche im Organismus gebildet werden, wenn keine Glukose (Zucker) zur Verfügung steht.
Wenn Sie entschlossen sind, sich mit der ketogenen Ernährung auseinanderzusetzen, lassen Sie sich also nicht irre machen von wohlmeinenden Warnungen, wie ungesund und schädlich das alles ist. Lernen Sie die wichtigsten Stoffwechselvorgänge rund um die Makronährstoffe Fett, Eiweiß und Kohlenhydrate kennen, erfahren Sie mehr über Ihren persönlichen Stoffwechsel und starten Sie mit unseren Wochenplänen in eine neue Erlebniswelt.
Anfangs wird es nicht ganz leicht sein, da Sie sich von vielen alten Gewohnheiten trennen müssen. Keto ist anspruchsvoller als andere Diäten und verlangt von Ihnen, mitzuarbeiten und selbst herauszufinden, wie Ihre Ernährung am besten zusammengesetzt sein soll.
Dafür geben wir Ihnen dieses Buch an die Hand und wünschen Ihnen viel Erfolg und ein gutes Gelingen!

ELF PUNKTE FÜR IHRE SICHERHEIT

1. Wenn Sie zerkleinern oder pürieren: Setzen Sie immer den Messbecher ein. Beim Zerkleinern von Nüssen, Gemüse oder anderen harten Lebensmitteln könnten sonst Teile herausgeschleudert werden. Beim Pürieren von heißen Suppen besteht Verbrennungsgefahr durch Spritzer! Verwenden Sie auch den Spritzschutz, wenn Sie vier oder mehr Portionen Suppe kochen – da kann es ebenfalls spritzen.
2. Bei heißem Mixtopfinhalt (über 60 °C) nicht sofort im Turbo-Modus pürieren und die Drehzahl nur langsam ansteigend erhöhen.
3. Beachten Sie die maximale Füllstandsmarkierung im Mixtopf. Er ist für 2,2 Liter ausgelegt.
4. Der Mixtopfdeckel entriegelt automatisch nach Ende der eingestellten Garzeit. Versuchen Sie nicht, ihn gewaltsam zu öffnen.
5. Beim Dampfgaren mit dem Varoma darf der Messbecher nicht eingesetzt werden – es kann sonst kein Dampf entweichen.
6. Bei Verwendung des Varoma muss der Dampf zirkulieren können. Lassen Sie daher immer einige Schlitze im Boden frei. Geben Sie genügend Wasser für die Dampfentwicklung in den Mixtopf. Setzen Sie stets den Varoma-Deckel auf und achten Sie darauf, beim Öffnen nicht mit dem heißen Dampf in Berührung zu kommen.
7. Der Rühraufsatz (Schmetterling) zum Schlagen von Eischnee oder Sahne darf nur bis höchstens Stufe 4 verwendet werden. Der Spatel darf bei Benutzung des Schmetterlings nicht eingeführt werden.
8. Bitte niemals ein anderes Rührwerkzeug als den Spatel in die Deckelöffnung einführen. Der Spatel ist mit seinem »Kragen« so konstruiert, dass er nicht mit den Messern in Berührung kommen kann.
9. Wenn Sie den Mixtopf zum Reinigen auseinandernehmen, gehen Sie äußerst vorsichtig mit dem Mixmesser um – die Messer sind höllisch scharf, es besteht Verletzungsgefahr.
10. Wenn Ihr Thermomix® keinen festen Platz in Ihrer Küche hat, stellen Sie ihn immer auf eine rutschfeste, ebene Arbeitsfläche. Beim Zerkleinern oder beim Rühren von Teigen könnte der Thermomix® durch Unwucht in Bewegung geraten. Bleiben Sie bei diesen Arbeitsschritten neben dem Gerät.
11. Bitte beachten Sie, dass die Mixtöpfe anderer Thermomix®-Modelle über mehr oder weniger Füllmenge verfügen, und passen Sie die Rezepte entsprechend an.

ZUM UMGANG MIT DIESEM BUCH

- Bei jedem Rezept finden Sie ausführliche Nährwertangaben, die nach dem Bundeslebensmittelschlüssel berechnet sind. Kcal steht hierbei für Kilokalorien, E für Eiweiß, F für Fett und KH für Kohlenhydrate.
- Alle Rezepte sind für den TM5 konzipiert. Sie können auch mit dem TM6 zubereitet werden. Bei Verwendung des TM31 auf die geringere Füllmenge achten!
- Die Mengenangaben für Gemüse beziehen sich, wenn nicht anders angegeben, auf unvorbereitete Ware.
- Mit Zwiebel meinen wir eine mittelgroße Zwiebel von ca. 100 g. Sonst ist angegeben: große (150 g) oder kleine (75 g) Zwiebel.
- 1 EL sind 15 g, 1 TL sind 5 g.
- Milchprodukte verwenden wir möglichst in ihrer fettreichsten Variante (fettreduzierte Milchprodukte enthalten mehr Kohlenhydrate!)
- 1 Avocado berechnen wir mit 150 g Fruchtfleisch. Wenn es mal etwas mehr oder weniger ist, gelingt und schmeckt das Rezept trotzdem.

DER THERMOMIX® FÜR DIE KETOERNÄHRUNG

Auch wenn in der ketogenen Ernährung viel von Gebratenem und Gegrilltem die Rede ist, gibt es doch auch eine Menge Zubereitungen, für die Ihr Thermomix® bestens geeignet ist. Zwar fallen viele Gemüse und auch Hülsenfrüchte weg, die für Eintöpfe so beliebt sind, Sie können aber dennoch leckere Suppen aus kohlenhydratarmem Gemüse mit Einlagen aus gedämpftem Fleisch oder Fisch zubereiten.

Fisch und Fleisch können Sie im Varoma und Varoma-Einlegeboden dämpfen, während im Mixtopf die passende Suppe köchelt. Zu gedämpftem Fisch oder Fleisch passt dann noch gut eine würzige Sauce oder klassisches Pesto. Zuvor gedämpftes Fleisch wird außerdem unter oder auf dem Grill besonders zart – Gourmets wissen das zu schätzen. Gutes Gelingen garantiert Ihr Thermomix® auch für Hackbraten, Fisch- oder Fleischbällchen und Pasteten. Er zerkleinert zuvor im Tiefkühler kurz angefrorenes Fleisch oder Fisch im Nu zu einer homogenen Masse, die im Ofen, der Pfanne oder dem Varoma weiter verarbeitet werden kann.

Eine besondere Einsatzmöglichkeit ist auch die Garmethode »Sous vide« (französisch: unter Vakuum), die gerade unter Grillmeistern einen Hype hervorgerufen hat.

Zwei Portionen Fisch oder Fleisch haben im Garkörbchen Platz, wenn Sie mit dieser geschmacksschonenden Methode garen wollen. Dafür sollten Sie ein Vakuumiergerät haben, das Sie in Kaufhäusern oder im Internet preiswert bekommen. (Ersatzweise können Sie auch gut verschließbare TK-Beutel verwenden. Dabei sollten Sie darauf achten, dass Sie so viel Luft wie möglich herausdrücken und die Öffnung beim Garen nicht im Wasser liegt.) Das Gargut einfach würzen, vakuumieren, in das Garkörbchen legen und so viel Wasser einfüllen, dass alles bedeckt ist. Dann **25 (Fisch), 40 (Geflügel) oder 60 Minuten (Steaks) /55 °C/Stufe 1** garen. Anschließend Gargut herausnehmen, mit Küchenpapier trocken tupfen und nach Belieben kurz in einer heißen Pfanne kross anbraten oder auf den Grill legen.
Wer aus gesundheitlichen oder ökologischen Gründen Bedenken hat, sollte auf diese Zubereitungsart allerdings verzichten. Zwar geben Verbraucherzentralen Entwarnung, da bei niedrigen Temperaturen keine Gefahr von der Plastikverpackung droht, aber Schönreden wollen wir den zusätzlichen Kunststoffeinsatz auch nicht.

WAS BEDEUTET KETOGENE ERNÄHRUNG?

Mit ketogener Ernährung, kurz Keto, ist eine Ernährung gemeint, die Fett bevorzugt, Eiweiß nur mäßig vorsieht und Kohlenhydrate stark oder komplett einschränkt. Mit Kohlenhydraten, ob komplex wie in Vollkornprodukten oder einfach wie in Süßem, sind alle Lebensmittel gemeint, die der Körper in Glukose (= Zucker) umwandelt. Das betrifft – wenn auch nur in geringerem Ausmaß – ebenso die Proteine (Eiweiß), welche anders als bei der Low-Carb-Ernährung nicht übermäßig gegessen werden sollen. Auch die an sich »gesunden« komplexen Kohlenhydrate wie Vollkornprodukte und Hülsenfrüchte werden im Darm in Glukose verwandelt – nur eben langsamer. Bei allen Stoffwechselvorgängen, bei denen Zucker (Glukose) im Spiel ist, wird letztendlich kein Körperfett abgebaut. Und darum geht es Ihnen ja hauptsächlich, wenn Sie abnehmen wollen. Damit Ihr Organismus anfängt, nur Fett abzubauen und nicht etwa Muskelmasse, indem er sich Glukose von dort holt, müssen Sie ihm beibringen, dass er keinen Zucker, also auch keine Kohlenhydrate, braucht, um zu funktionieren!

Im Grunde genommen sind die Regeln ganz einfach: Werden dem Organismus keine Kohlenhydrate zugeführt, muss er Alternativen für diesen Mangel suchen. Die Natur hat ihm dafür ein wirkungsvolles Werkzeug gegeben: Die Leber kann aus Fett sogenannte Ketonkörper (Ketone) erzeugen. Diese ersetzen den Treibstoff Glukose, mit dem unser Gehirn, unsere Leber und unsere Muskeln funktionieren. Der Stoffwechsel wird in einen Fettverbrennungsmodus versetzt, bei dem er gezwungen ist, Fett anstelle von Zucker zu verbrennen. Der Organismus wechselt also von der Zuckerverbrennung zur Fettverbrennung.

Dafür muss der Stoffwechsel in die sogenannte Ketose gebracht werden. Man nennt das »in Ketose sein«. Und das funktioniert nur, wenn die Kohlenhydrate in der Ernährung zunächst drastisch reduziert werden und gleichzeitig auf eine mäßige Protein-Zufuhr geachtet wird.

Dabei ist es nicht förderlich, sich nur von Braten, Wurst und Eiern zu ernähren, wie es – vereinfacht gesagt – bei der Atkins-Diät[1] in den 80er-Jahren üblich war. Atkins verzichtete, mangels der heutigen wissenschaftlichen Erkenntnisse, lediglich auf die Kohlenhydrate in der Ernährung. Das funktionierte je nach individuellem Organismus mal mehr, mal weniger gut. Zudem bekam man diese einseitige Ernährung sehr schnell satt, hielt sich nicht mehr daran und schon rutschte man aus der Ketose, und alles Bemühen war umsonst. Je öfter man dieses Hin und Her zwischen ketogener Ernährung und kleinen oder größeren Sünden aber betrieb, desto schwieriger wurde jedes Mal die Umstellung für den Stoffwechsel.

Die moderne ketogene Ernährung ist da viel differenzierter. Abwechslung und Alltagstauglichkeit sind ebenso wichtig wie die Zusammensetzung der Hauptnährstoffe. Keto kann man sich im Prinzip als verschärftes Low Carb vorstellen. Darf man bei Low Carb noch kleine Portionen Kartoffeln, Teigwaren oder Hülsenfrüchte essen, sind diese Nahrungsmittel nun ganz gestrichen. 30 bis 50 g Kohlenhydrate pro Tag sind das absolute Maximum, und das auch erst dann, wenn der Organismus komplett auf Ketose umgestellt ist. Alltagstauglich wird das Ganze noch durch den Umstand, dass Kalorien- oder Punktezählen nicht unbedingt notwendig ist. Die Nährwertangaben bei unseren Rezepten dienen der Orientierung, damit Sie in der Anfangsphase wirklich nur minimale Anteile Kohlenhydrate zu sich nehmen und auch sehen können, ob Ihre Mahlzeiten genügend Fett und Eiweiß enthalten. Wichtig ist lediglich, dass Ihre Nahrungsmittel so wenig Kohlenhydrate wie möglich aufweisen. Eine grobe Orientierung geben Ihnen die Tabellen »Kohlenhydrate in Obst und Gemüse« auf Seite 27 und »Proteine und Kohlenhydrate in Milchprodukten« auf Seite 25. Zudem finden Sie im Buchhandel einige Nährstofftabellen und auch im Internet können Sie sich zu jedem Lebensmittel die Inhaltsstoffe anzeigen lassen.

Wenn Sie allerdings viel abnehmen müssen, sollten Sie auch auf den Kalorien-Input achten. Denn Abnehmen funktioniert nun mal nur bei einem Kaloriendefizit. Dieses aber so zu gestalten, dass der Organismus seine essenziellen Nährstoffe (also solche, die er nicht selbst herstellen kann) zugeführt bekommt, ist das Anliegen der ketogenen Ernährung.

Bei minimalem Verzehr von Kohlenhydraten wird der Blutzucker- und damit der Insulinspiegel extrem niedrig gehalten. Nach einer Eingewöhnungszeit verschwindet dadurch auch der Heißhunger auf Süßes. Da Sie sich mit den erlaubten Nahrungsmitteln richtig satt essen sollen, können Sie den Verführungen zwischendurch leichter widerstehen. Anfangs bedeutet das durchaus eine größere Umstellung, nun jeder Eisdiele, jeder angebotenen Praline oder einer verlockenden Geburtstagstorte aus dem Weg zu gehen. Belohnt werden Sie allerdings mit rascher Gewichtsabnahme und auch mit Verbesserung einiger Krankheitsbilder, denen man

---

1 Die Atkins-Diät ist nach ihrem Erfinder Dr. Robert Atkins benannt, wurde in den 1970er-Jahren erstmals als Diät-Revolution veröffentlicht und zunächst bei den Lesern als Freibrief zu übermäßigem Fleischkonsum missverstanden. Etwa 35 weitere Veröffentlichungen modifizierten die Diät um zusätzlich erlaubte Kohlenhydrate und Empfehlungen für Nahrungsergänzungsmittel. Die Behauptung, Atkins sei 72-jährig schwer übergewichtig an Herzverfettung gestorben, wurde als Verleumdung vonseiten der Low-Carb-Gegner entlarvt. Die moderne »ernährungsbedingte Ketose« (kurz Keto) verdankt Dr. Atkins viel, denn er schuf die Grundlage dafür, die ketogenen Vorgänge zu verstehen und die entsprechenden Ernährungsempfehlungen zu verfeinern.

nachsagt, mit zu viel Zucker in Zusammenhang zu stehen: Akne beispielsweise, Diabetes sowieso, aber auch Darmprobleme, hoher Blutdruck und möglicherweise sogar Alzheimer.

Was ist erlaubt?

70 bis 80 Prozent gute Fette, das heißt Fette, die für die Ketoernährung geeignet sind (140–180 g/Tag), 10 bis 20 Prozent Eiweiß (50–75 g/Tag) und 5 Prozent Kohlenhydrate (20–30 g/Tag)[2] – so sollte Ihr täglicher Speiseplan aussehen. Da jeder Stoffwechsel anders reagiert, gibt es dabei einen größeren prozentualen Spielraum. Was für Sie am besten ist, werden Sie mit der Zeit herausfinden.

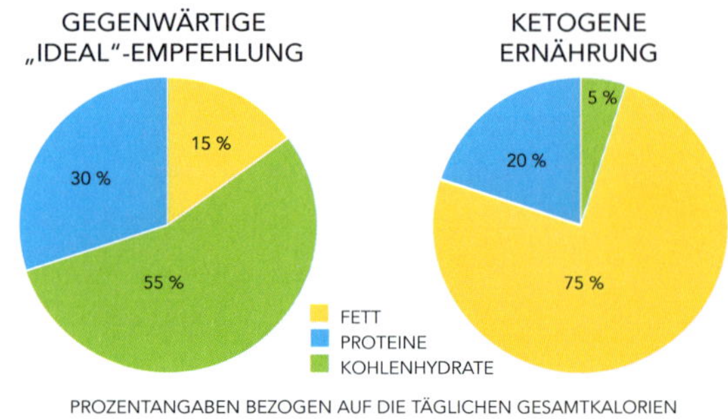

Die ketogene Ernährung ist eine fettreiche Ernährung! Fleisch, Fisch, Meeresfrüchte und Eier sollen den größten Teil Ihrer Mahlzeit ausmachen. Dazu kommen hochwertiges Öl (besonders mittelkettige Fettsäuren), Milchprodukte (vor allem Hartkäse), Kräuter, Nüsse und einige Samen. Mageres Eiweiß aus Hähnchenbrust zum Beispiel ist keinesfalls die erste Wahl, auch wenn das in den Diäten, die Sie bisher kennengelernt haben, wahrscheinlich immer propagiert wurde. Bevorzugen Sie stattdessen fettreiche Eiweißquellen, etwa fetten Lachs, Makrele oder Thunfisch, und vergessen Sie die Anweisung, von jeder Schinkenscheibe und jedem Kotelett den Fettrand zu entfernen – auf diesen kommt es jetzt an! Bio-Qualität allerdings vorausgesetzt!

Von jetzt an gibt es mehr Butter und Schmand statt Magerjoghurt, Käse in den höchsten Fettstufen und griechischen Sahnejoghurt (10 Prozent Fett, das schmeckt super!). Sie braten mit Kokosöl und Ghee, ihre Salate werden mit viel Avocado- oder Olivenöl angemacht.

2 Bei einem angenommenen Kalorienbedarf von 2000 kcal/Tag.

Um die 5-Prozent-Grenze für Kohlenhydrate einzuhalten, muss vor allem Zucker in all seinen Erscheinungsformen (auch versteckte Zucker in industriell hergestellten Lebensmitteln) komplett gestrichen werden. Beim Gemüse gibt es durchaus Sorten mit geringem Kohlenhydratanteil. Tomaten, Zwiebeln und grünes Gemüse als kleine Beilagen sind zum Beispiel erlaubt. Obst enthält sehr viel Fruchtzucker und sollte bis auf kleine Mengen Beerenobst gemieden werden. Zum Süßen kommen nur Süßstoffe oder Zuckerersatzstoffe infrage, denn auch Honig, Sirup und Trockenfrüchte sind Zuckerbomben. Avocado nimmt eine Sonderstellung ein: Wegen des hohen und gesunden Fettgehalts kann man die ebenfalls enthaltenen Kohlenhydrate in Kauf nehmen. Sie sollte ziemlich weit oben auf Ihrem Speiseplan stehen.

Was geht gar nicht?

Softdrinks, Fruchtsäfte, Fruchtzubereitungen, die vermeintlich gesunden Durstlöscher würden Sie Schluck für Schluck aus der Ketose werfen. Auch die Light-Versionen mit Süßstoff oder Zuckerersatzstoffen sind bedenklich. Oft bezieht sich das nämlich nur darauf, dass kein zusätzlicher Zucker beigemischt ist – der natürliche Fruchtzucker wird verschwiegen.
Jedes Obst enthält viel Zucker. Natürlich stecken im Obst auch Vitamine und Mineralstoffe, deshalb gilt es ja zu Recht als besonders gesund. Bei Keto ist der Verzicht auf Zucker (Glukose) aber immens wichtig und daher sollten Sie kein Obst essen. Aber keine Angst: Die Vitamine bekommen Sie aus anderen Bestandteilen in Ihrer neuen Ernährung.
Mit Zucker ist nicht nur der weiße Haushaltszucker gemeint, der in letzter Zeit ohnehin sehr in Verruf geraten ist. Auch brauner Zucker, alle Arten von Sirup und sogar Honig sind Glukose-Bomben. Wenn überhaupt, dann können Sie diese nur in sehr kleinen Mengen und lediglich an hohen Feiertagen genießen. Sie werden allerdings merken, dass auch sie den bekannten Süß-Effekt auslösen: Einmal daran genippt, will der Körper immer mehr davon.
Jetzt müssen manche ganz stark sein: Alkohol ist nicht nur kalorienreich, er enthält auch Kohlenhydrate (Restzucker im Wein, Weizen oder Gerste im Bier). Dazu kommt, dass der Körper Alkohol als Betriebsstoff allen anderen vorzieht. Es findet also – auch in Ketose – gar keine Fettverbrennung statt, solange Alkohol im Blut ist. Hochprozentige Alkoholika (wie Gin oder Wodka) weisen zwar keine oder kaum Kohlenhydrate auf, haben aber in gesunden Ernährungskonzepten nichts zu suchen. Dazu kommt, dass Alkohol hungrig und leichtsinnig macht – Chips und andere Knabbereien schmecken dann noch mal so gut.
Fertigprodukte sollten Sie ebenfalls sehr skeptisch betrachten. Lesen Sie vor dem Einkauf die Zutatenliste: Meist werden Sie Zucker darin finden. Dieser muss jedoch nicht wirklich Zucker genannt werden. Alles, was auf -ose endet, ist letztendlich eine Form von Zucker!

Beachten Sie auch, dass fast alle Diät- und Light-Produkte in den Regalen eher fettreduziert als kohlenhydratarm sind. Als »Low Carb« beschriebene Industrieprodukte sind zwar kohlenhydratreduziert, enthalten aber dennoch meist zu viele Stoffe, die in Glukose umgewandelt werden können – sind also für Keto ungeeignet.
In Glukose transformiert werden auch alle Kohlenhydrate in mehr oder weniger stärkehaltigem Gemüse sowie aus Reis, Hülsenfrüchten, Teigwaren und Brot. Alles Lebensmittel, die uns schon ein Leben lang begleiten. Müssen Sie bei Keto nun ganz darauf verzichten?

Sind Kohlenhydrate notwendig?

Die Deutsche Gesellschaft für Ernährung empfiehlt 50 Prozent Kohlenhydrate für die tägliche Ernährung. Wie auch andere Organisationen leitet sie ihre Empfehlung aus dem Glauben ab, dass Kohlenhydrate für Leben und Gesundheit notwendig sind. Das hieße, dass die Menschen Hunderte Generationen vor uns in ihrer Leistungsfähigkeit stark eingeschränkt gewesen sein müssten. Die Menschen der Steinzeit sammelten nur wenig kohlenhydratreiche Wurzeln, Wildgräser und Beeren – ihre Hauptnahrungsquelle waren erlegte Tiere. Wie sehr jedoch kohlenhydratbasierte und fettarme Diäten den Stoffwechsel und die Gesundheit vieler Menschen strapazieren, können wir jeden Tag auf der Straße beobachten. Auch die Mitteleuropäer werden immer dicker!
Was leider viel zu wenig bekannt ist: Sie müssen keine Kohlenhydrate zu sich nehmen. Ihr schlauer Organismus kann sie selbst herstellen! Dazu kann er Fett oder Eiweiß verwenden und produziert daraus genau die Menge Kohlenhydrate, die er tatsächlich braucht.
Dieser natürliche Vorgang, bei dem in der Leber Ketonkörper erzeugt werden, heißt Ketogenese und wird durch Einschränkung der Kohlenhydrate in der Ernährung in Gang gesetzt. Wie viele Kohlenhydrate der Einzelne verträgt, ohne die Ketogenese zu beeinträchtigen, ist individuell verschieden. Gar keine Kohlenhydrate zu verzehren wäre sicher nicht falsch, ist aber im heutigen Alltag so gut wie unmöglich.

Sie müssen sicher nicht lebenslang komplett auf Hülsenfrüchte (Bohnen, Linsen, Erbsen), Getreide (Weizen, Dinkel, Hirse, Roggen etc.), Pseudogetreide (Amarant, Quinoa oder Buchweizen) und stärkehaltige Gemüse (zum Beispiel Kartoffeln, Erbsen, Bohnen) verzichten. Wir empfehlen aber, diese zumindest für den ersten Monat Ihrer Ernährungsumstellung ganz wegzulassen. So kann Ihr Stoffwechsel regenerieren und die Ketose richtig Fahrt aufnehmen. Danach können Sie sich – wenn Sie möchten – langsam an kleine Portionen Kohlenhydrate herantasten. Die Menge, die vertragen wird, ist da individuell sehr verschieden.

Die besten Fette für Keto

Die Ketoernährung soll zu 70 bis 80 Prozent aus Fett bestehen. Ein Schock für alle, die der Überzeugung sind, dass man von Fett dick wird. Das stimmt aber nur zum Teil, denn es kommt darauf an, die richtigen Fette zu sich zu nehmen, damit Sie von der ketogenen Diät auch profitieren.

Da Sie sich bei Kohlenhydraten stark und bei Eiweiß etwas einschränken müssen, bleibt zur Energiegewinnung nur Fett. Davon dann aber auch so viel, dass Sie auf jeden Fall satt werden – also reichlich. Wohlgemerkt: Viel Fett zu essen macht nur Sinn, wenn Sie ernsthaft den Entschluss gefasst haben, sich ketogen zu ernähren. Und wenn Sie sich an die anderen Regeln halten. Fettes Essen mit zuckersüßem Nachtisch zu krönen würde Sie allerdings sofort aus der Ketose werfen und erst recht dick und krank machen.

Bei der ketogenen Ernährung bekommt der Begriff »hochwertige Fette« eine andere Bedeutung. Waren damit bislang hauptsächlich die mehrfach ungesättigten Fettsäuren in Pflanzenölen (zum Beispiel Rapsöl, Maisöl, Sonnenblumenöl, Sojaöl) gemeint, sind jetzt die gesättigten Fettsäuren die »Guten« (Butter, Schmalz oder Kokosöl als pflanzliche Ausnahme), die immer wieder als Krankmacher verteufelt werden.

Der Verzehr von hochwertigen Fetten ist deshalb so wichtig, weil die Ketonkörper (Ketone), aus denen Sie künftig Ihre Energie beziehen, aus Fett produziert werden. Zu wenig Fett in Ihrer Ernährung verhindert daher die Ketose! Und genau diese ist wichtig: Die wasserlöslichen Ketone können vom Blut überall hin zur Energieversorgung transportiert werden. So wird vermieden, dass Proteine (zum Beispiel aus Muskeln) abgebaut werden müssen, um daraus Glukose herzustellen.

Eine wichtige Rolle spielen dabei die richtigen Fettsäuren. Kurz erklärt: Chemisch gesehen sind Fettsäuren eine Kette aus Kohlenstoff-Atomen (C), an denen jeweils Sauerstoff- (O) und Wasserstoffatome (H) hängen. Dabei bleibt jedem Kohlenstoffatom noch die Möglichkeit, sich untereinander einfach oder doppelt zu verbinden. Daher kommt es zur Bezeichnung einfach gesättigte Fettsäuren (eine Kohlenstoff-Doppelbindung) oder mehrfach ungesättigte Fettsäuren (zwei oder mehr Kohlenstoff-Doppelbindungen). Gesättigte Fettsäuren haben keine zusätzlichen Kohlenstoff-Verbindungen, denn sie sind mit Sauerstoff und Wasserstoff schon »satt«.

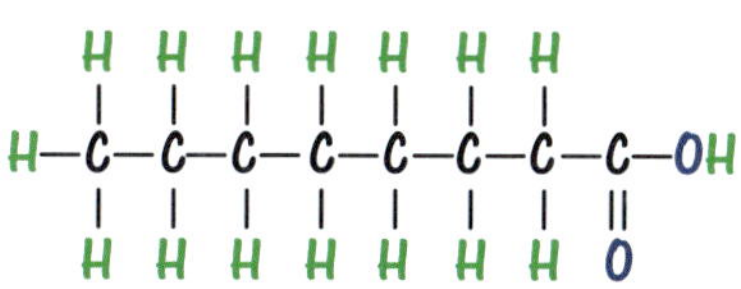

Gesättigte Fettsäure – zwischen den Kohlenstoffatomen (C) bestehen nur einfache Verbindungen.

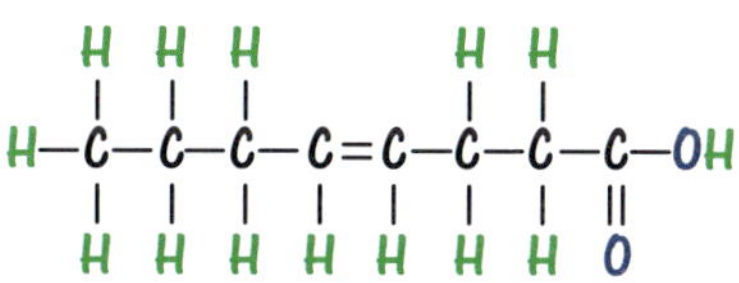

Einfach ungesättigte Fettsäure – zwischen zwei Kohlenstoffatomen (C) besteht eine Doppelbindung. Es können keine Wasserstoffatome (H) andocken. Gibt es mehrere solcher Doppelbindungen, spricht man von mehrfach ungesättigten Fettsäuren.

Einfach und mehrfach ungesättigte Fettsäuren werden landläufig als die »guten« bezeichnet, während gesättigte Fettsäuren allgemein einen schlechten Ruf haben. Zu Unrecht: Auch ihnen kommen wichtige Aufgaben im Organismus zu, besonders für den Hormon- und Immunstoffwechsel. Vor allem aber sind sie Energiequelle und -speicher in der ketogenen Ernährung, da sie leicht in Ketonkörper umgewandelt werden können.

Vorteil der gesättigten Fettsäuren ist auch, dass sie sehr stabile chemische Verbindungen aufweisen und damit lange haltbar sind. Die Kohlenstoff-Doppelverbindungen bei den ungesättigten lösen sich leicht, und in die Lücke drängen sich Sauerstoffatome (O). Dieser Oxidation genannte Prozess bewirkt, dass das Öl ranzig wird. Damit gehen auch die gesundheitsfördernden Stoffe dieser Öle weitgehend verloren. Der Verzehr verbietet sich dabei schon allein wegen des Geschmacks.

Innerhalb dieser Einteilung in gesättigte, ungesättigte und mehrfach ungesättigte Fettsäuren unterscheidet man noch zwischen lang-, mittel- und kurzkettig. Die kürzeste Kette besteht aus vier Kohlenstoffatomen, die längste aus 22 (zum Beispiel kurzkettig: Butter, mittelkettig: Kokos- und Palmfett, langkettig: Oliven- oder Avocadoöl).

Essenzielle Fettsäuren sind diejenigen, die Ihr Körper unbedingt benötigt. Er kann sie jedoch nicht selbst herstellen. Neben vielen anderen sind die mehrfach ungesättigten Omega-Fettsäuren die bekanntesten. Omega-3- und Omega-6-Fettsäuren sind für verschiedene Funktionen zuständig, können sich jedoch in ihrer Wirkung hemmen. Deshalb muss auf ihr Verhältnis zueinander geachtet werden: Empfohlen wird im Allgemeinen ein Teil Omega-3 zu fünf Teilen Omega-6. Also maximal fünfmal so viel Omega-6 wie Omega-3. Ideal wäre ein ausgeglichenes Verhältnis von 1 : 1. In der gegenwärtigen durchschnittlichen Ernährung liegt das Verhältnis mit 1 : 10 und darüber jedoch deutlich höher. Der Überschuss an Omega-6-Fettsäuren ist durch den Einsatz von zu viel billigen Ölen und industriellen Transfetten enorm, was Entzündungen, Übergewicht und Insulinresistenz fördert.

Am besten geeignet, um die Ketose in Gang zu halten, ohne gesundheitliche Nachteile befürchten zu müssen, sind:

- **Gesättigte Fette**, zum Beispiel in Weidebutter[3], Ghee (aus Weidebutter), Schmalz, Sahne, Eiern, rotem Fleisch, Kokos- oder Palmöl und MCT-Öl[4].
- Einen guten Effekt erzielen Sie auch mit **einfach ungesättigten Fetten** wie kalt gepresstem Olivenöl, Macadamia- und Avocadoöl.

---

3 Entscheidend für die Qualität der Butter ist die Milch, aus der sie gemacht wird. Weidebutter steht für ein Produkt von Kühen, die auf der Weide stehen und Gras fressen können, statt Soja und Kraftfutter im Stall. Weidebutter enthält etwa 40 Prozent mehr Omega-3-Fettsäuren als konventionelle Butter. Leider ist der Begriff bei uns nicht geschützt und somit gibt es keine Kontrolle, ob die Kühe tatsächlich nur mit Gras und Heu gefüttert wurden.

4 MCT-Öle enthalten mittelkettige Triglyceride (medium-chain Triglycerides). Sie werden besonders schnell aufgenommen und in der Leber in Ketonkörper umgewandelt. Diese Fettsäureketten kommen hauptsächlich in Kokos- und Palmöl, Schmalz und Milchprodukten vor. Eine Mischung aus Kokos- und Palmöl können Sie als MCT-Öl in Reformhäusern oder im Internet kaufen. Sie hat den höchsten MCT-Gehalt aller Fette. Handelsübliches Kokosöl in Bio-Qualität ist aber ebenso gut geeignet und preiswerter. Bei Palmöl achten Sie bitte unbedingt auf nachhaltigen Anbau und möglichst Bio-Qualität.

- **Omega-3-Fettsäuren**, die zu den mehrfach ungesättigten Fetten zählen, finden Sie in fettem Fisch, Fischöl, Lein- und Chiasamen.
- **Omega-6-Fettsäuren**, ebenfalls ungesättigte Fettsäuren, gibt es hauptsächlich in Nüssen und Samen. Diese Fettsäuren sind essenziell, man braucht sie aber nur in kleinen Mengen.

Die Favoriten in der ketogenen Ernährung sind Weidebutter und damit hergestelltes Ghee sowie Kokos-, Avocado- und Olivenöl. Diese können Sie immer im Vorrat haben, denn sie lassen sich vielfältig verwenden. Zur Abwechslung können Sie dann das eine oder andere Fett zusätzlich aus unserer Tabelle verwenden. In unseren Rezepten versuchen wir, die Fette gleichmäßig zum Einsatz zu bringen, Sie können aber gerne Kokosöl gegen Olivenöl tauschen oder statt Entenfett (das nicht so leicht zu bekommen ist – es sei denn, Sie braten eine Ente und bewahren das ausgelassene Fett auf) Ghee oder MCT-Öl nehmen.

Gut, aber nicht jedermanns Sache, sind selbst ausgelassene Fette aus Rindertalg, Hühnerhaut oder Schweinebauch. Sie eignen sich hervorragend zum Braten, da sie sehr hitzebeständig sind.
Vermeiden sollten Sie hingegen größere Mengen von mehrfach ungesättigten Fettsäuren, denen in der »normalen« Ernährung ein hoher Stellenwert zugesprochen wird. Das sind die meisten Pflanzenöle und auch Sesam-, Traubenkern- und Erdnussöl. Diese Öle sind nicht per se auf einmal ungesund, sie sind nur für eine ketogene Ernährungsweise eher ungeeignet. Beachten Sie auch, dass diese Öle (gerne das preiswerte Sonnenblumenöl) in vielen Fertigprodukten wie Ketchup, Mayonnaise oder gerösteten Nüssen enthalten sind.
Finger weg auch von den sogenannten Transfetten, die hauptsächlich durch lebensmitteltechnologische Prozesse entstehen. Sie fördern Entzündungen und werden als großes Risiko für Herzerkrankungen und Krebs eingestuft. Verarbeitet sind Transfette zum Beispiel in Fast Food, Margarine, Backwaren und in frittierten Produkten. Achten Sie bei den Angaben zu Inhaltsstoffen vor allem auf die Aussagen »enthält gehärtete oder teilweise gehärtete Fette« oder »pflanzliches Fett, z. T. gehärtet«.

FETTE UND IHRE VERWENDUNG				
Oft und viel				
Olivenöl	einfach ungesättigt	Aus Oliven kalt gepresst. Auf Qualitätsmerkmale wie *nativ extra* oder *extra vergine* achten.	Salat und Saucen, Braten (soll nicht rauchen beim Erhitzen)	Entzündungshemmend, gut für die Herzgesundheit. Verhältnis Omega-3:6 1:8, deshalb mit Omega-3-haltigen Nahrungsmitteln kombinieren, z.B. Fisch
Kokosöl	gesättigt, mittelkettige Triglyceride (MCC)	Kalt gepresstes weißes Fruchtfleisch der Kokosnuss. Am besten *extra vergine*	Braten, Backen und Verfeinern mit leichtem Kokosgeschmack	Herzgesundheit, fördert HDL-Cholesterin, Verhältnis Omega-3:6 1:4
Palmkernöl	gesättigt, einfach ungesättigt	Pressung des erhitzten Fruchtfleisches des Ölbaums. Unbedingt auf nachhaltigen Anbau achten!	Braten, Backen, Frittieren. Billiger Rohstoff in der Lebensmittelindustrie	Antioxidantien, Vitamin E. Verhältnis Omega-3:6 1:22
Avocadoöl	einfach ungesättigt	Aus Avocado-Fruchtfleisch gepresst	Geschmacksneutral, gut für Mayonnaise. Braten nur bei niedrigen Temperaturen. Kosmetikprodukte	Reguliert Blutdruck, fördert HDL-Cholesterin. Vitamine A, D und E. Verhältnis Omega-3:6 1:6.
Weidebutter*	gesättigt	Von artgerecht gehaltenen Kühen	Braten (bei mittleren Temperaturen), Backen	Antioxidantien, Beta-Carotin, Vitamine A, K, D. Verhältnis Omega-3:6 je nach Herkunft 1:1 bis 1:3
Ghee	kurzkettige, gesättigte Fettsäure	Durch mildes Erhitzen wird der Butter Wasser entzogen und das verbleibende Fett anschließend gefiltert.	Braten (auch bei hohen Temperaturen), Backen	Entzündungshemmend durch Butyrat, gut für Darmgesundheit, HDL-Cholesterin. Verhältnis Omega-3:6 je nach Herkunft der Butter
Enten- und Gänseschmalz	einfach ungesättigt, Linolsäure	Ausgelassenes und gefiltertes Fett von Enten oder Gänsen – auf Bio-Qualität achten!	Braten, Verfeinern	Entzündungshemmend, Vitamine A, D und E. Verbessert Kalziumaufnahme. Verhältnis Omega-3:6 ca. 1:4
Macadamiaöl	ungesättigt, einfach ungesättigt	Kalt gepresst aus Macadamianüssen	Verfeinern, daher beliebt in der Gourmetküche. Hitzebeständig. Massage und Hauptpflege	Cholesterinsenkend, Antioxidantien. Vitamin E. Verhältnis Omega-3:6 1:1
Haselnussöl	mehrfach ungesättigt, einfach ungesättigt, Linolsäure	Kalt gepresst aus gemahlenen Haselnüssen	Backen, Salat, Süßspeisen, Massage und Hautpflege	Entzündungshemmend, schützt Herz-Kreislauf-System, Vitamine D und E. Verhältnis Omega-3:6 1:2
MCT-Öl	gesättigt, einfach ungesättigt	Mischung aus Kokos- und Palmöl. Eventuell auch noch andere Öle. Oft raffiniertes Produkt, daher auf Bio und Herkunftsbezeichnung achten.	Neutraler Geschmack, für Mayonnaisen geeignet und zum Braten, Backen. Nicht über 160°C erhitzen.	Wird in der Leber zu Ketonkörpern umgewandelt. Anfangs nicht mehr als 20g/Tag, später bis zu 50g. Inhaltsstoffe je nach verwendeten Ölen.

Sparsam				
Rapsöl	ungesättigt, mehrfach ungesättigt	Wird oft industriell teilgehärtet. Auf Kaltpressung achten. Auch als Butterzusatz im Handel.	Sanft-Braten, Mayonnaise	Keine besonderen Gesundheitsvorteile. Verhältnis Omega-3:6 1:3
Walnussöl	mehrfach ungesättigt, viel Omega-3	Kalt- oder heißgepresst. Nüsse neigen leicht zu Schimmmelbildung, daher auf Anbaugebiet achten.	Salat, nicht erhitzen, macht rissige Haut geschmeidig und Haare glänzend	Cholesterinsenkend, Schutzfunktion durch Vitamin E. Verhältnis Omega-3:6 1:10
Leinöl	mehrfach ungesättigt, viel Omega-3	Kaltgepresst aus Leinsamen. Wird schnell ranzig.	1 EL über den Salat oder in Joghurt rühren. Nicht erhitzen.	Linolsäure hält Blutgefäße geschmeidig, reguliert Blutdruck, fördert Konzentration. Verhältnis Omega-3:6 mit 3:1 sehr günstig!
Sehr sparsam				
Sesamöl	mehrfach ungesättigt	Kaltgepresst aus hellen, dunklen oder gerösteten Sesamsamen. Meist aber chemisch extrahiert	Salat, nicht erhitzen. Auf »kaltgepresst« achten. Raffiniertes Sesamöl zum Braten und Frittieren in der asiatischen Küche. Wird in Backindustrie und zur Herstellung von Margarine verwendet.	Vorbeugung gegen Osteoporose und erhöhten Blutfettspiegel. Verhältnis Omega-3:6 0:45
Maiskeimöl	mehrfach ungesättigt	Nebenprodukt bei der Stärkeproduktion. Chemisch extrahiert	Braten, Frittieren, Kosmetikprodukte	Entzündungsfördernd. Verhältnis Omega-3:6 1:80.
Traubenkernöl	mehrfach ungesättigt	Heiß- oder Kaltpressung aus Traubenkernen, aber auch chemische Extraktion	Salat, Kosmetikprodukte	Entzündungsfördernd. Omega-Verhältnis: 1:135
Erdnussöl	ein- und mehrfach ungesättigt	Kaltpressung oder Extraktion	Braten, Frittieren, Salat, Kosmetik- und Medizinprodukte. Margarine	Verhältnis Omega-3:6 1:64
Sonnenblumenöl	ungesättigt	Stark industriell bearbeitet	Braten, Frittieren, industrieller Einsatz	Entzündungsfördernd! Omega-3:6-Verhältnis: 1:120
Distelöl	ungesättigt	Stark industriell bearbeitet (wie Sonnenblumenöl)	Braten, Frittieren, industrieller Einsatz	Verhältnis Omega-3:6 1:145
Sojaöl	ungesättigt	Sogar kaltgepresst muss Sojaöl chemisch behandelt werden, um Giftstoffe zu lösen. Kaltgepresst in Reformhäusern	Lebensmittelindustrie, asiatische Küche, Bio-Diesel	Hoher Eiweißgehalt. Verhältnis Omega-3:6 1:8

Wie viele und welche Proteine?

Proteine sind essenziell, das heißt, ohne sie sind bedeutende Körperfunktionen nur eingeschränkt oder gar nicht möglich, zum Beispiel der Hormonhaushalt. Der Körper braucht Eiweiß aus der Nahrung, da er es sich sonst aus den Muskeln und Knochen holt. Jedoch wird der Bedarf an Eiweiß meist überschätzt Das gilt auch für die ketogene Ernährung. 15 bis 30 Prozent, je nach Eigengewicht, sollte der Eiweißanteil in der Ernährung sein, sonst kommt es nicht zur Ketose bzw. würde diese unterbrochen. 1 bis 1,5 g pro Kilo Normalgewicht[5] wird als die richtige Eiweißmenge angesehen. Wenn Sie allerdings sehr sensibel auf Kohlenhydrate reagieren, kann die Menge auch darunter liegen. Da hilft nur ausprobieren. Gerade am Anfang kann es sinnvoll sein, die Eiweißzufuhr auf 0,5 g/kg Normalgewicht zu reduzieren.

Natürlich neigt eine kohlenhydratarme Ernährung dazu, gleichzeitig eiweißreich zu sein. Ein Zuviel an Eiweiß kann der Körper jedoch nicht speichern, er muss es irgendwie verbrauchen. Und das macht er, indem er es in Glukose umwandelt (Glukenogenese). Damit kommt wieder Zucker ins Spiel, was die Ketose verhindert. Das ist ein Umstand, der in den 70er-Jahren, als Atkins seine Diät entwickelte, noch nicht bekannt war, da es die dafür erforderlichen wissenschaftlichen Messmethoden noch nicht gab. Daher wurde oft behauptet, die Diät »funktioniere« nicht.

In der Low-Carb-Ernährung ist vorgesehen, besonders abends viel Eiweiß zu essen, da es lang anhaltend sättigt. Das ist schon richtig – ist allerdings bei Keto nicht sinnvoll. Da sollen Sie von Fett satt werden!

Bei der Einschränkung von Proteinen kommt es auch auf die Art und Qualität, die biologische Wertigkeit der Proteine an.

Einige Proteine (Aminosäuren) sind bei der Produktion von Ketonkörpern von essenzieller Bedeutung, die sogenannten ketogenen Aminosäuren Lysin (in Thunfisch, Garnelen, Geflügel, Parmesan, Schweine- und Rindfleisch) und Leucin (in Rindfleisch, Geflügel, Lachs, Heilbutt, Nüssen, Eiern, Milchprodukten).

Wie viel Gramm Eiweiß pro Tag für Sie ideal sind, hängt sehr von Ihren Lebensumständen wie der sportlichen Aktivität, Alter und Stoffwechsel ab. Grob gesagt: Wenn Sie bei den Angaben zu den Inhaltsstoffen eines Lebensmittels lesen 7 g Fett und 7 g Eiweiß pro 100 g, liegen Sie richtig. Besser noch wären 10 g oder mehr Fett – ein solches Verhältnis erreichen Sie mit 1 oder 2 EL Öl zusätzlich. Fettes Fleisch oder Fisch enthalten gleichzeitig viel Eiweiß. Daher müssen die anderen Mahlzeiten des Tages besonders proteinarm ausfallen.

---

5 Das Normalgewicht können Sie einfach nach dem Body-Mass-Index (BMI) ermitteln. Dazu dividieren Sie Ihr Körpergewicht in Kilo durch das Quadrat der Körpergröße in Metern. Das Ergebnis ist der BMI. Das Normalgewicht sollte grob gerechnet bei einem BMI zwischen 20 und 25 liegen. Wenn Sie also 170 cm groß und 73 kg schwer sind, liegen Sie gerade noch im Normalbereich. Es gibt differenzierte Berechnungsweisen – nach Alter und Geschlecht. Wenn Sie sich dafür interessieren, finden Sie all diese Berechnungsmethoden im Internet.

Keto und Milchprodukte

Milchprodukte gelten wegen ihres Eiweiß- und Kalziumgehalts als wichtiger Baustein in der Ernährung. Bezüglich des Eiweißgehalts trifft bei Milchprodukten aber ebenfalls zu, was wir gerade erläutert haben: Der Organismus kann – wenn auch nur in geringen Mengen – Proteine in Glukose (Kohlenhydrate) umwandeln, was gerade am Anfang Ihrer neuen Ernährung den Übergang in die Ketose behindern kann.

Fettreiche Milchprodukte wie Sahne und Käse scheinen wie gemacht für eine ketogene Ernährung. Zumal sie tierischen Ursprungs mit hauptsächlich gesättigten bzw. einfach ungesättigten Fettsäuren sind. Neben Eiweiß und Fett enthalten Milchprodukte aber auch Kohlenhydrate aus Milchzucker. Manchen Produkten wird von der Lebensmittelindustrie dazu noch modifizierte Stärke (das sind ebenfalls Kohlenhydrate!) beigesetzt – zum Beispiel Joghurt oder Pudding. Wer Schwierigkeiten hat, Fett, fettes Fleisch und fetten Fisch ausreichend zu konsumieren, kann gerne ergänzend zu Sahne, Crème fraîche und anderen fettreichen Milchprodukten greifen – in kleinen Mengen allerdings, da sonst wegen der enthaltenen Kohlenhydrate die Ketose gefährdet wird.

Beispiele, wie viele Kohlenhydrate aus Milchzucker in den verschiedenen Milchprodukten enthalten sein können, finden Sie in der folgenden Tabelle:

PROTEINE UND KOHLENHYDRATE IN MILCHPRODUKTEN

	Proteine	Kohlenhydrate
Frischkäse, Doppelrahmstufe	11,3	2,6
Hüttenkäse	13,6	0,0
Mozzarella (Büffel)	14,0	1,0
Mozzarella (Kuh)	18,6	0,0
Ricotta	9,3	0,3
Quark 40 % Fett	11,1	2,6
Kuhmilch 3,5 % Fett	3,3	4,8
Kuhmilch 1,5 % Fett	3,4	4,9
Buttermilch	3,5	4,0
Crème fraîche	2,0	2,5
Joghurt 3,5 % Fett	3,3	4,0
Joghurt 1,5 % Fett	3,4	4,1
Sahne 30 % Fett	2,4	3,4
Appenzeller	25,4	0,0
Bergkäse (45 % Fett i.Tr.)	28,9	0,0
Emmentaler (45 % Fett i.Tr.)	28,9	0,0
Harzer	30,0	0,0
Parmesan	35,6	0,0
Schafskäse (50 % Fett i.Tr.)	30,0	0,0

Der Kalziumgehalt in Milchprodukten wird sehr überschätzt, denn der Stoff, der Knochen stark macht, ist in grünem Blattgemüse in weitaus größeren Mengen vorhanden. Auch das »Knochenvitamin« D in Milchprodukten kann vernachlässigt werden. Der Körper stellt 90 Prozent dieses Vitamins ohnehin mithilfe von Sonnenlicht selbst her, der Rest kann über Lachs, Hering, Thunfisch, Avocados oder Eier – alles ketogerechte Nahrungsmittel – ergänzt werden.

Die Alternative zu Brot

Kohlenhydrate, aus denen Brot zum größten Teil besteht, sind nicht lebensnotwendig. Fehlen sie in der Ernährung, hat die Natur dafür vorgesorgt, dass der Körper die benötigte Energie aus anderen Stoffen bezieht bzw. umwandelt. Also brauchen wir gar kein Brot. Andererseits ist Brot so stark in unserer Kultur verankert, dass ein Verzicht zunächst fast unmöglich erscheint. Wir wollen an dieser Stelle nicht weiter darauf eingehen, dass modernes, auf Ertrag gezüchtetes Getreide für viele Menschen mittlerweile zu einem Problem geworden ist. Zu Unverträglichkeiten kommt es bei der industriellen Herstellung auch durch die kurze Teigführung. Schon allein deshalb wäre ein Verzicht auf Mehl – egal welches – und Brot daraus der Gesundheit förderlich.

Für alle, die eine Unterlage zu Fleischerzeugnissen brauchen, bieten wir einige Rezepte als Ersatz an: Cloud Bread, auch Oopsies genannt, ist ein fluffiges Mittelding zwischen Fladenbrot und Pancakes. Es wird komplett ohne Mehl hergestellt und hat zumindest die Anmutung von Brot. Oopsies sind einfach und schnell gemacht: Sie brauchen lediglich Quark (oder Frischkäse) und Eier. Zum Frühstück oder zum Mitnehmen als Lunch mit einem feinen Belag ist das »Wolkenbrot« eine gute Alternative zur Stulle.

Der Brot-Ersatz enthält zwar ketogerecht keine Kohlenhydrate, jedoch mehr Fett und auch mehr Kalorien als herkömmliches Brot. Ist also für Familienmitglieder, die sich nicht ketogen ernähren, nur hin und wieder zu empfehlen.

Ja zu Gemüse, jein zu Obst

Gute Nachricht: Es gibt sie, die kohlenhydratarmen Gemüsesorten! Und Sie dürfen nicht nur, Sie müssen sie essen! Blumenkohl, Zucchini, Gurken, grüne Blattgemüse und Salat werden Sie auch in unseren Rezepten finden. Natürlich nicht zu viel davon, denn auch sie enthalten Kohlenhydrate, die es zu meiden gilt. Dennoch sind sie sehr wichtig, denn nur mit Fleisch und Wurst bekämen Sie zu wenig Vitamine und Mineral- und Ballaststoffe.

Bei Obst ist das schon schwieriger. Fruchtzucker ist überall und meist in großen Mengen vorhanden – und die modernen Züchtungen weisen zudem oft noch mehr Zucker auf. Die im Obst so gepriesenen Mikronährstoffe, Vitamine und Mineralstoffe finden Sie zum Teil auch in Fleisch, Fisch, Eiern, Nüssen und Samen – alles Dinge, die jetzt auf Ihrem Speiseplan stehen.

Fruchtzucker ist natürlich auch in Beerenobst, das wir Ihnen trotzdem empfehlen. Allerdings nicht täglich und auch nur in kleinen Mengen. Auf die gesundheitlich wertvollen Inhaltsstoffe aller Beeren soll aber nicht verzichtet werden! Schon etwa 100g pro Woche stärken das Immunsystem und das Herz, helfen dem Gedächtnis auf die Sprünge und reparieren beschädigte Körperzellen.

KOHLENHYDRATE IN OBST UND GEMÜSE PRO 100G	
Apfel	11,4
Auberginen	2,5
Austernpilze	0
Avocado	0,4
Banane	20
Blumenkohl	2,3
Brokkoli	2,5
Brombeeren	6,5
Champignons	0,6
Chinakohl	1,2
Erdbeeren	5,5
Feldsalat	0,7
Fenchel	2,8
Grünkohl	2,5
Gurken	1,8
Heidelbeeren	6,1
Himbeeren	4,8
Johannisbeeren rot	4,8
Kartoffel	14,8
Kirschen	13,3
Knoblauch	28,4
Kopfsalate	1,1
Kresse	2,5
Mangold	0,7
Möhren	4,8
Orange	8,3
Paprikaschoten	2,9
Pfifferlinge	0,2
Radieschen	2,1
Rucola	2,1
Sauerkraut	0,8
Spargel	2
Spinat	0,6
Staudensellerie	2,3
Süßkartoffel	24,1
Tomate	2,6
Wassermelone	8,3
Weintrauben	15,2
Zucchini	2,2
Zuckermelone	12,4
Zwiebeln	4,9

In der Tabelle finden Sie einige Beispiele von Obst- und Gemüsesorten und deren Kohlenhydratgehalt pro 100 g. Farblich unterlegt sind zur Veranschaulichung gängige Sorten, die Sie bestimmt bis heute bedenkenlos gegessen haben. Eine Sonderstellung nimmt der sehr stärkehaltige Knoblauch ein. Eine kleine Zehe kann mit 3 g berechnet werden, sodass dies nicht allzu sehr ins Gewicht fallen wird. Zwei bis drei Zehen im Gericht und noch große Zwiebeln dazu (wie man es für Eintöpfe verwenden würde) wirken sich aber schon aus. Am besten suchen Sie nach einer einfachen Nährstoff-Tabelle im Internet oder Buchhandel. Mit der Zeit haben Sie dann sicher den Dreh raus, in welchen Lebensmitteln viele Kohlenhydrate enthalten sind und was Sie problemlos als Beilage essen können.

Der Ersatz für Zucker

Gerade am Anfang der Ketoernährung kann das Verlangen nach Zucker recht groß sein. Das hat einerseits mit dem anerzogenen Belohnungssystem zu tun, andererseits mit den Glücksgefühlen, die Süßes tatsächlich im Gehirn auslöst, und nicht zuletzt mit dem Fehlen des Treibstoffs Glukose, wenn dieser nicht schon vollständig durch Ketone ersetzt ist.

Es gibt aber durchaus ein paar Süßungsmittel und -stoffe, die Sie auch bei ketogener Ernährung in Betracht ziehen können.

Süßstoffe, die auch in der Natur vorkommen, sind Erythrit und Stevia. Andere Zuckerersatzstoffe wie Birkenzucker (Xylit), Sorbit, Maltit usw., die in der Low-Carb-Ernährung ebenfalls empfohlen werden, enthalten sehr wohl Kohlenhydrate, meist aus Fructose oder Lactose.

Erythritol oder Erythrit wird durch Fermentierung aus Glukose und Saccharose gewonnen und ist chemisch gesehen Zuckeralkohol. In Reformhäusern wird Erythrit unter verschiedenen Namen wie zum Beispiel Sukrit, Sukrin, Xucker, Wiezucker u. a. angeboten. Wenn Sie nach Erythrit fragen, wissen die Mitarbeiter meist schon Bescheid.

Erythrit ist dem Haushaltszucker sehr ähnlich: Es ist genauso kristallin, lässt sich pulverisieren und hat etwa 70 Prozent der Süßkraft normalen Zuckers. Da es in kleinen Mengen in der Natur vorkommt, wird es in Studien als unbedenklich eingestuft und wurde 2006 in der EU als Süßungsmittel in Lebensmitteln zugelassen. Es hat keine Kalorien, keine Blutzuckerwirkung und wird vom Körper einfach wieder ausgeschieden. Der Stoff ist jedoch relativ teuer – vielleicht sollten Sie deshalb überlegen, auf welche süßen Zubereitungen Sie verzichten können.

Auf jeden Fall sollten Sie grundsätzlich darauf achten, nicht zu große Mengen dieses »Wunderstoffs« zu sich zu nehmen. Denn dann kann es – trotz aller Unbedenklichkeit – zu Blähungen, Bauchschmerzen und Durchfall kommen. Wir haben auch festgestellt, dass beim Austausch von größeren Zuckermengen beim Backen Erythrit eine Art Kältegefühl im Mund erzeugt und leicht salzig schmeckt.

Stevia wird aus den Blättern der gleichnamigen Pflanze gewonnen. Die Indianer in Mittelamerika verwendeten die Pflanze, deren Süßkraft 30-mal stärker ist als die von Zucker, seit Jahrhunderten. Das soll aber kein Freibrief sein, Produkte mit Stevia-Zusatz wahllos zu konsumieren oder Ihre Getränke und Süßspeisen damit zu stark zu süßen. Zum einen kann Stevia einen bitteren Nachgeschmack verursachen, zum anderen ist nach einem großen Hype rund um die Wundersüße Ernüchterung eingekehrt. Es gibt mittlerweile Studien, die den Stoff nicht mehr als unbedenklich einstufen.

Bei dieser Faktenlage wäre es daher ohnehin besser, sich allzu Süßes nach und nach abzugewöhnen. Ernährungsexperten bezweifeln zudem, dass es sinnvoll ist, den Körper immer wieder mit Süßstoffen zu täuschen. Denn auch das macht Lust auf immer mehr Zucker oder eben Zuckerersatz – ein Umstand, der in der Kälbermast genutzt wird.

Zuckerersatzstoffe sind nicht dasselbe wie Süßstoffe, die industriell hergestellt werden und mittlerweile ebenfalls schwer in Verruf geraten sind. Daher haben wir – auch wenn nichts bewiesen ist – auf diese komplett verzichtet.

Dass bei manchen Low-Carb-Diäten in Maßen Süßkraft erlaubt ist, zum Beispiel mit Trockenfrüchten, Honig, Dicksäften oder braunem Zucker, mag aufgrund der darin enthaltenen Mineralstoffe zwar gesund sein. Das ändert aber nichts an der Tatsache, dass Zucker, viel Zucker darin enthalten ist. Weg damit! Denn das alles erhöht den Blutzuckerspiegel und verhindert damit die Ketose oder beendet sie.

DER ZUSTAND DER KETOSE

»In Ketose sein« bedeutet, dass der Wechsel von Zucker- in Fettverbrennung abgeschlossen ist, Ihr Körper also Fett als Energiequelle verwendet. Und zwar nicht nur das Fett, das Sie zu sich nehmen – Sie verbrennen auch körpereigenes Fett. Ein wichtiger Aspekt für alle, die abnehmen wollen oder müssen. Und wenn Sie keine Fettpolster haben? Keine Angst! Die Ketose ist auch für Normalgewichtige, die gesund leben wollen, ein vielversprechender Zustand.
Es gibt keine eindeutigen Anzeichen dafür, nach wie vielen Tagen der Ernährungsumstellung Sie in Ketose kommen oder wie viele Kohlenhydrate pro Tag Ihr Organismus später verträgt, ohne die Ketose wieder zu verlassen. Im Allgemeinen dauert es zehn bis 30 Tage, bis Ihr Organismus vollständig umgestellt ist.
Wer sich gerne auf exakte Messungen verlässt, kann mit speziellen Methoden den Ketonspiegel feststellen. Es gibt Urin-, Atemtests und eine Blutuntersuchung auf die drei Ketonkörper, die in der Leber aus den Fettsäuren gebildet werden: Aceton wird beim Ausatmen gemessen, ß-Hydroxybutansäure im Blut und Acetessigsäure im Urin.
Im Handel gibt es dafür Blutmessgeräte, wobei ein Tropfen Blut auf einen Teststreifen gegeben wird, der die ß-Hydroxybutansäure misst. Atemmessgeräte bestimmen den Acetongehalt der Atemluft. Sie liefern recht brauchbare Daten, sind aber (noch) recht teuer. Am einfachsten anzuwenden sind Urinteststreifen (Keto-Sticks), welche die Acetessigsäure (Acetoacetat) im Urin messen. Sie sind preiswert, aber nur in der Anfangsphase der Ernährungsumstellung sinnvoll, da bei Voranschreiten der Ketose der Acetoacetat-Gehalt abnimmt, dafür aber der Gehalt an ß-Hydroxybutansäure im Blut ansteigt. Sie müssten also mehrere und verschiedene Messungen durchführen, deren Ergebnis außerdem noch davon abhängt, wie viel Sport Sie machen und in welchem Zustand Ihr Stoffwechsel insgesamt ist. Bevor Sie sich also zu Hause ein Labor einrichten, verlassen Sie sich lieber auf Ihre Intuition und ein gutes Körpergefühl.
Eine Ausnahmesituation betrifft Diabetiker, für die die sogenannte Ketoazidose lebensgefährlich ist. (Vielleicht rührt es daher, dass von manchen Menschen mit Keto Bedrohungen assoziiert werden.) Ketoazidose tritt nur bei Diabetikern (hauptsächlich, wenn keine Insulinproduktion vorhanden ist wie beim Typ 1) auf, und auch nur bei einem gleichzeitigen hohen Blutzuckerspiegel. Alle anderen Menschen werden von ständiger oder vorübergehender ketogener Ernährung profitieren. Diabetiker sollten sich ebenso wie auch Schwangere, Stillende, Jugendliche und Senioren unbedingt mit ihrem Arzt beraten.

Im Allgemeinen merken Sie den Übergang in den Zustand der Ketose besonders am Anfang durch eine Veränderung Ihres Atems: Er riecht ein wenig nach Aceton, ein Geruch, den Sie vom Nagellackentferner her kennen.
Gleichzeitig werden Sie merken, dass Sie weniger Heißhunger auf Süßes oder auf Kohlenhydratreiches haben, dass Sie sich wacher fühlen und nicht so schnell ermüden.

WAS MACHE ICH FALSCH?

Wenn Sie sich müde und schlapp fühlen, wenn die Pfunde nicht wie erhofft purzeln, wenn alles ausbleibt, was Sie sich von der Ernährungsumstellung erhofft haben, verlieren Sie bitte nicht die Geduld. Die Umstellung braucht ihre Zeit, und vielleicht haben Sie die neuen Ernährungsregeln einfach noch nicht ganz verinnerlicht.

Kein Wunder, wurde Ihnen doch bisher in vielen Publikationen der Verzehr von komplexen Kohlenhydraten, Obst und Gemüse nahegelegt (fünfmal täglich! Das ist zwar längst widerlegt, dennoch fester Bestandteil von Gesundheitstipps).

Der Spruch, dass man von Fett fett wird, scheint auch irgendwie logisch. Nur für die ketogene Ernährung trifft das nicht zu – Sie müssen Ihre Ernährung völlig neu denken und vor allem ein positives Verhältnis zum Nahrungsfett gewinnen. Das dauert vielleicht ein wenig.

So kann es vorkommen, dass Sie zu Anfang noch einige Low-Carb-Elemente wie Gemüse-Spaghetti in Ihren Plan einbauen, weil Sie das fettreiche Essen einfach nicht gewohnt sind und Ihr Magen revoltiert. Da sparen Sie gegenüber Teigwaren sicher einiges an Kohlenhydraten, es ist aber dennoch zu viel, um in den Zustand der Ketose zu kommen.

Ohne reichhaltiges Müsli kein guter Start in den Tag? Ohne Vollkornbrötchen kein Geistesblitz? Werfen Sie diese anerzogenen Vorstellungen über Bord! Wenn Sie es geschafft haben, in Ketose zu sein, bleibt auch das Verlangen nach diesen Dingen aus. Körper und Gehirn beziehen ihre Energie jetzt einfach nicht mehr aus Glukose, sondern aus den Ketonen. Und damit kommen sie ohne Mangelerscheinungen bestens zurecht.

Vielleicht essen Sie zu viel Eiweiß. Gegrillte magere Hähnchenbrust mit Salat wäre so ein Anfängerfehler. Bei anderen Diäten mag das ein Dreamteam sein, für Sie jetzt aber nicht. Kein Fett, keine Kohlenhydrate – woraus sollen da die wichtigen Ketonkörper gebaut werden? Zu viel Eiweiß wird außerdem, wie bereits gesagt, in Glukose umgewandelt.

Es kann auch sein, dass Sie zu wenig Flüssigkeit aufnehmen. Besonders zu Anfang, wenn Sie sehr wenige Kohlenhydrate konsumieren, werden Sie mehr Flüssigkeit ausscheiden. Genau genommen pro Gramm Glykogen, das aus der Leber verschwindet, 2 g Wasser. Um nicht zu dehydrieren, sollten Sie daher täglich mindestens 2,5 Liter Flüssigkeit, am besten Mineralwasser oder ungesüßten Tee, trinken. 250 ml gesalzene Brühe können sicherstellen, dass Ihr Elektrolyt-Haushalt intakt bleibt. Ein Mineralstoffmangel, besonders Magnesium, Kalium und Natrium, löst Müdigkeit, Kopfschmerzen, Muskelkrämpfe und Verstopfung aus und kann langfristig zu Nierensteinen führen. Ein Zeichen dafür, dass Sie genügend trinken: Ihr Urin ist hellgelb.

Achten Sie auch auf die Inhaltsangaben bei allen Low-Carb-Produkten. Meistens beschränkt sich das Versprechen darauf, keinen Zucker zusätzlich einzusetzen. Das heißt aber noch nicht, dass kein natürlicher Zucker enthalten ist.

Nüsse und Samen sind natürlich gesund und durch den hohen Fettgehalt äußerst Keto-geeignet. Aber bloß nicht zu viel davon! Einige weisen auch so viele Kohlenhydrate auf, dass ein kleiner Snack schon die Hälfte der Kohlenhydrat-Tagesration aufbraucht. Mehr als 30 bis 60g Nüsse, je nach Kohlenhydratgehalt, sind nicht drin! Vorsicht bei gerösteten Nüssen – sie sind zwar fetter, aber leider meist aufgrund von billigen und ungesunden Ölen. Um sicherzugehen, wiegen Sie zu Anfang Ihre Nuss-Snack-Portionen ab, um nicht versehentlich zu viele Proteine oder Kohlenhydrate auf einmal zu essen.

NÄHRSTOFFE IN NÜSSEN UND SAMEN

in g pro 100g

	Proteine	Fett	KH	Portion/Tag	Wichtigste Inhaltsstoffe
Cashewkerne	17	42	31	10g	Kupfer, Magnesium, Vitamin A
Chiasamen	17	31	42	10g	Kalzium, Magnesium, Eisen, Vitamin A
Erdnüsse	25	48	8	10g	Vitamin B_1, E, Niacin
Haselnüsse	12	62	11	10g	Kalzium, Mangan, Vitamin E
Kokosnuss reif	6	62	6	15g	Eisen
Kokosmilch cremig	2	18	3	100ml	keine Besonderen
Kürbiskerne	24	46	14	10g	Magnesium, Eisen, Zink, Vitamin A, Niacin
Leinsamen ungeschält	24	31	0	10g	Eisen, Vitamin A, Niacin
Macadamia	8	73	4	25g	Beste Keto-Nuss! 16g einfach ungesättigte Fettsäuren, Magnesium, Mangan, Selen
Mandeln	19	54	5	15-25g	Kalzium, Eisen, Vitamin A, E, Niacin, Selen
Paranüsse	14	67	4	10g	Vitamin B_1, E, hoher Selengehalt – nicht mehr als 3 Stück pro Tag!
Pekan	9	72	4	25g	Mangan, Vitamin A, B_1
Pinienkerne	13	60	21	10g	Magnesium, Vitamin A, E, Niacin
Pistazien	21	52	12	10g	Eisen, Kalium, Vitamin A
Sesamsamen	18	50	10	10g	Magnesium, Eisen, Zink, Vitamin B_1, A, Niacin
Sonnenblumenkerne	23	49	12	10g	Magnesium, Eisen, Vitamin B_1, E, Niacin
Walnüsse	14	62	11	10g	Vitamin A, B_6, E, Kupfer

Sehr gut
gut
mit Bedacht

Sie lieben Sahne, Käse und andere fettreiche Milchprodukte? An und für sich gut bei Keto! (Es gibt allerdings die Ansicht, dass unsere denaturierten Milchprodukte generell nicht mehr gesund sind.) Am Anfang Ihrer Ernährungsumstellung ist auch hier Vorsicht angesagt. Die Stichworte »Milchzucker« und »Milcheiweiß« sagen schon alles – seien Sie vorsichtig und ersetzen Sie Kuhmilch vorerst durch Mandeldrinks oder andere Nussdrinks. Besser nicht durch Sojaprodukte, denn diese beinhalten auch Kohlenhydrate und sind durch ihre Phytoöstrogene ohnehin beim Abnehmen nicht förderlich. Später können Sie im Rahmen der zulässigen Kohlenhydratmenge wieder darauf zurückgreifen, wenn Sie glauben, Soja tue Ihnen gut.
Die Rezepte, die wir für Ihre ersten Keto-Schritte vorschlagen, enthalten keine Milchprodukte wie Käse oder Sahne.
Alkoholische Getränke, auch solche ohne Kohlenhydrate, unterstützen Sie nicht dabei, in die Ketose zu kommen! Im Gegenteil: Sie behindern Ihren Fettstoffwechsel. Ihre Leber muss sich zunächst mit dem Alkohol beschäftigen, bevor sie die Fettsäuren aus der Nahrung (oder den Reserven) zur Energiegewinnung verarbeitet. Wenn Sie schon Keto-adaptiert sind, könnten Sie behutsam versuchen, ob Sie ein Glas trockenen Rot- oder Weißwein vertragen, ohne aus der Ketose zu kommen. Bier, einschließlich alkoholfreier Varianten, enthält auf jeden Fall zu viele Kohlenhydrate.
Kann es sein, dass Sie zu oft essen? Einfach nur, weil gerade Essenszeit ist oder Sie andere Menschen mit ihren Zwischenmahlzeiten sehen? Mit ihrer fettreichen Ernährung müssten Sie eigentlich langanhaltend satt sein – auch ohne Snacks. Essen Sie nur dann, wenn Sie wirklich hungrig sind, und nicht, wenn andere etwas verzehren. Der Appetit auf etwas und die Gelüste werden, wenn Sie sich an fettreiche Kost gewöhnt haben, ohnehin verschwinden.
Bleiben Sie wachsam, wenn Sie auswärts essen. In Convenience- oder Halb-Convenience-Produkten versteckt sich fast immer Zucker. Das gilt für Saucen, Pasteten und fertige Salate. In Restaurants wird oft mit Sonnenblumen- und Rapsöl gekocht, die in der Keto-Ernährung nicht vorkommen sollten.
Kurzes Fazit: Wenn Sie nicht in Ketose kommen, gibt es drei mögliche Hauptgründe dafür. Sie essen zu viel Eiweiß, zu viele Kohlenhydrate oder zu wenig Fett.

KETO IST NICHT ALLES

Wenn Sie abnehmen wollen, ist es besser, auch bei einer ketogenen Ernährung auf ein Kaloriendefizit zu achten. Also nicht nur darauf Wert zu legen, genügend Fett und möglichst wenig Kohlenhydrate zu essen, sondern auch die aufgenommenen Kalorien im Auge zu behalten. Das ist bei einer Ernährung, die zu 70 bis 80 Prozent aus Fett bestehen soll, gar nicht so einfach.

Die Ketose und reichlich Fett in der Nahrung machen zwar langanhaltend satt und zügeln den Appetit. Der hohe Fettanteil hat aber auch besonders viele Kalorien, die der Körper verwerten muss, um nicht am Ende des Tages oder der Woche einen deutlichen Kalorienüberschuss zu haben und damit Ihre Abnehmpläne zu durchkreuzen.

In den ersten Wochen wird die Gewichtsabnahme noch recht schnell gehen, dann allerdings stagnieren. Das passiert, wenn Sie (durch zu viele Kohlenhydrate) die Ketose verlassen oder aber, wenn Sie zu viele Kalorien aufnehmen.

Sie müssen nicht akribisch jede Kalorie zählen. Das macht keinen Spaß und verkompliziert die Ernährung im Alltag. Unsere Rezepte sind so konzipiert, dass Sie bei drei Mahlzeiten am Tag im Durchschnitt nicht übermäßig viele Kalorien zu sich nehmen. Was Ihr persönliches Kalorienlimit ist, können Sie mit speziellen Formeln im Internet berechnen.

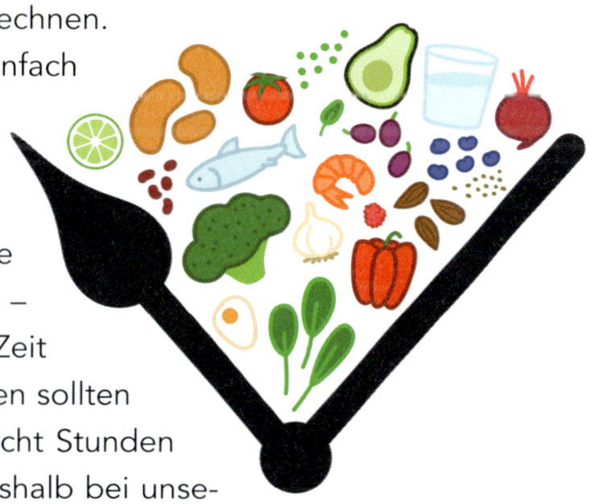

Als sehr zielführend – egal ob Sie abnehmen wollen oder einfach nur dauerhaft etwas für Ihre Gesundheit tun wollen – hat sich die Kombination von Keto und Intervallfasten herausgestellt. Dabei ist es egal, ob Sie sich für den beliebten 16:8-Modus entscheiden oder lieber zweimal pro Woche 24 Stunden fasten. Der Vorteil der Fastenperiode ist, dass – abgesehen von den reduzierten Mahlzeiten – in dieser Zeit mehr und schneller Ketonkörper gebildet werden. Beachten sollten Sie nur, dass Sie bei den zwei Mahlzeiten innerhalb von acht Stunden nicht zu stark in ein Kaloriendefizit geraten. Wir haben deshalb bei unserem »7-Tage-Plan Keto mit Intervallfasten« (Seite 40) jeden Tag einen Kalorienbooster eingebaut.

ALLER ANFANG ...

Sie müssen vieles über Bord werfen, das jahrzehntelang als Goldstandard der gesunden Ernährung galt. Das Schreckgespenst des »bösen« LDL-Cholesterins, die Idee, dass der Tag nur mit einem kohlenhydratreichen Frühstück gut beginnt, oder dass Sie von fettem Essen dick werden oder geworden sind.
Besonders schwer wird zu Anfang der Verzicht auf Kohlenhydrate sein. Außerdem »wehrt« sich der Organismus zunächst, die Umwandlung von Fett in Ketonkörper anzugehen – es war doch bis jetzt immer so einfach, mit genügend Glukose versorgt zu sein. Eine Reaktion darauf kann die sogenannte Keto-Grippe sein. Mögliche Symptome sind Kopfschmerzen, Übelkeit, schlechte Laune, schlechter Schlaf und Konzentrationsmangel. Wenn Sie zu wenig trinken (Wasser, ungesüßter Tee), laufen Sie auch Gefahr, sich einem Elektrolytmangel auszusetzen, da Ihr Körper jetzt große Mengen Wasser ausscheidet. Um das zu beheben, wäre eine vorübergehende Nahrungsergänzung mit Magnesium, Natrium und Kalium, den wichtigsten Stoffen, zu überlegen. Werfen Sie die Flinte aber nicht gleich ins Korn: Das alles geht schnell vorbei!
Schwierig wird am Anfang auch sein, genügend Fette zu essen – Sie sind das ja überhaupt nicht gewohnt. Und der Gedanke, esslöffelweise Öl zu schlucken, stößt eher ab.
Hier ein paar kleine Tricks, um Ihre Mahlzeiten oder Snacks etwas zu »ölen«:

- Avocado mit Olivenöl beträufeln oder in Baconscheiben wickeln.
- Salat mit Speck-Croûtons anreichern
- Zum Naschen Erdnussbutter und Sesampaste vorrätig haben (siehe Seiten 150, 152)
- Keto-Mayonnaise (Seite 132) auf hart gekochte Eier oder Cloud Bread (Seite 50) geben
- Eine Handvoll Nüsse oder Oliven als Zwischenmahlzeit mitnehmen
- Kaffee oder Tee mit Sahne statt fettarmer Milch trinken
- Griechischen Joghurt mit 10 Prozent Fett verwenden
- Bulletproof Coffee trinken (Filterkaffee mit Butter und MCT- oder Kokosöl aufschäumen)
- 1 Tasse Brühe verquirlt mit Kokosöl löffeln
- Fermentiertes wie Sauerkraut oder Kimchi mit 1 bis 2 EL Öl anreichern.

14-TAGE-PLAN, UM IN KETOSE ZU KOMMEN

Sie haben schon gelesen, dass die Toleranzgrenze für Kohlenhydrate bei jedem Menschen unterschiedlich sein kann. Diese hängt ab von Veranlagung, sportlicher Aktivität, Fettstoffwechsel und auch Alter. Daher ist es so gut wie unmöglich, konkrete Empfehlungen zu geben. Sicher ist, dass die tägliche Kohlenhydratmenge auf unter 100 g begrenzt sein muss, besser auf 50 g, wie es sich für die meisten Menschen empfiehlt. Wer besonders sensibel auf Kohlenhydrate reagiert (das sind alle vom metabolischen Syndrom Betroffenen sowie stark Übergewichtige), sollte sich auf 20 bis 30 g Kohlenhydrate täglich beschränken. Vereinfacht gesagt: Je jünger und aktiver Sie sind, desto mehr Kohlenhydrate vertragen Sie. Wo Ihr persönlicher Toleranzpunkt liegt, werden Sie sicher mit der Zeit selbst herausfinden.

Für den Anfang Ihrer Ernährungsumstellung haben wir für Sie einen 14-Tage-Ernährungsplan entworfen, der Sie möglichst schnell in Ketose bringen soll. Das heißt, es gibt täglich lediglich um die 10 g Kohlenhydrate. Nach dieser Einstiegsphase sollten Sie in der Ketose sein (zu Messmethoden siehe Seite 30). Wenn das noch nicht der Fall sein sollte, hängen Sie noch eine Woche nach demselben Schema dran. Dabei helfen Ihnen die Nährwertangaben in unseren Rezepten, wenn Sie den Speiseplan variieren möchten.

Eventuell kann auch eine Woche mit zusätzlichem Intervallfasten hilfreich sein. Auch dafür haben wir für Sie einen Plan (siehe Seite 40) gemacht. Wenn Sie es sich zutrauen, können Sie versuchen, hin und wieder mit nur einer Mahlzeit täglich auszukommen. Die darf dann zum Ausgleich recht üppig ausfallen, zum Beispiel zwei Gänge oder eine doppelte Portion. Längere Fastenzeiten, wie 16 Stunden beim Intervallfasten oder 24 Stunden bei nur einer Mahlzeit täglich, begünstigen die Produktion von Ketonkörpern.

Nachdem Ihr Organismus dann vollständig im Ketose-Modus und Ihr Stoffwechsel von Zuckerenergie auf Ketonenergie umgeschaltet hat, können Sie versuchen, täglich 5 bis 10 g Kohlenhydrate hinzuzufügen.

Übrigens: Unsere Rezepte sind meist für vier Portionen ausgelegt. Familienmitglieder oder Freunde, die sich nicht ketomäßig ernähren, können selbstverständlich alles mitessen und bekommen als Beilagen Teigwaren, Reis, Kartoffeln oder was ihnen schmecken könnte, extra dazu.

14-TAGE-PLAN, UM IN KETOSE ZU KOMMEN

Tag	Früh	Mittag	Abend	
1	Lachsrührei, 2g KH (S. 63)	Mini-Hackbraten, 3g KH (S. 94)	Selleriecreme mit Huhn, 4g KH (S. 74)	Lachsrührei gibt es am 7. Tag wieder. Vom Mini-Hackbraten können 2 Personen morgen noch mal essen. Ansonsten können Portionen eingefroren werden. Und auch die Selleriecreme kann am Tag 4 aufgewärmt werden.
2	Guacamole-Eier, 2g KH (S. 64)	2 Keto-Kräuterpfannkuchen mit 1–2 weich gekochten Eiern, 4g KH (S. 54)	Mini-Hackbraten, 3g KH (S. 94)	Heute bereiten Sie die Keto-Kräuterpfannkuchen zu. Wenn Sie allein essen, reichen sie für die ganze Woche. Sie können die Pfannkuchen auf Vorrat backen und im Kühlschrank in Frischhaltefolie aufbewahren.
3	1 Keto-Kräuterpfannkuchen mit Leberpastete, 2g KH (S. 54)	Champignoncreme, 3g KH (S. 79)	Rinderragout mit 1 Keto-Kräuterpfannkuchen, 4g KH (S. 54)	Die Leberpastete im Glas ist für 10 Portionen berechnet, sie hält sich gut verschlossen 1 Woche im Kühlschrank – sie können auch in der 2. Woche noch davon essen. Die Champignoncreme ist für 4 Portionen berechnet. Sie können sie portionsweise einfrieren – für die Portion in 3 Tagen hält sie sich auch im Kühlschrank.
4	1 Keto-Kräuterpfannkuchen mit 1 hart gekochtem Ei, 2g KH (S. 54)	Selleriecreme mit Huhn, 4g KH (S. 74)	Fleischbällchen mit Sauce, 5g KH (S. 102)	Das Rezept für Fleischbällchen ergibt 12 Stück (3 Stück pro Portion). Wenn sie nicht gleich gegessen werden, lassen sie sich gut einfrieren oder 2–3 Tage im Kühlschrank aufbewahren.
5	Schinkeneier, 3g KH (S. 65)	Russische Eier mit grünem Spargel, 2g KH (S. 61)	Thai-Curry, 4g KH (S. 108)	Das Thai-Curry ist für 4 Portionen konzipiert. Wie alle Currys schmeckt es aufgewärmt noch mal so gut! Sie können es auch protionsweise einfrieren.
6	1 Keto-Kräuterpfannkuchen mit Auberginenaufstrich, 4g KH (S. 54, 58)	Champignoncreme, 3g KH (S. 79)	Kabeljau-Stew, 5g KH (S. 119)	Vom Auberginenaufstrich gibt es 10 Portionen im gut verschließbaren Glas. Sie können ihn auch nächste Woche noch essen.
7	Lachsrührei, 2g KH (S. 63)	Fleischbällchen mit Sauce, 5g KH (S. 102)	Teriyaki-Rindfleisch, 4g KH (S. 98)	Für das Lachsrührei müsste noch Räucherlachs von Tag 1 übrig sein. Fleischbällchen haben Sie vielleicht auch noch. Frisch bereiten Sie heute 2 Portionen Teriyaki-Rindfleisch zu, das Sie auch einfrieren können.
8	Schinkeneier, 3g KH (S. 65)	1 Keto-Kräuterpfannkuchen mit Auberginenaufstrich, 4g KH (S. 54, 58)	Lauchsuppe mit Cajun-Shrimps, 5g KH (S. 80)	Auberginenaufstrich ist sicher noch im Kühlschrank vorhanden. Die Lauchsuppe wird für 2 Portionen zubereitet. Für Single-Esser gibt es sie übermorgen noch mal. Sind mehr Portionen nötig: Zutaten einfach multiplizieren und Einkaufsliste anpassen.
9	1 Portion Auberginenaufstrich mit 2 hart gekochten Eiern, 4g KH (S. 58)	2 Avocado-Muffins, 4g KH (S. 67)	Brokkoliauflauf, 5g KH (S. 90)	Von den 12 Avocado-Muffins dürfen Sie 2gleich essen. Weitere 2gibt es übermorgen und den Rest isst die Familie oder Sie frieren sie ein. Das Rezept für den Brokkoliauflauf reicht für 4 Portionen. Überzählige Portionen kann man einfrieren oder übermorgen zu Mittag kalt essen.

14-TAGE-PLAN, UM IN KETOSE ZU KOMMEN

Tag	Früh	Mittag	Abend	
10	Guacamole-Eier, 2g KH (S. 64)	Lauchsuppe mit Cajun-Shrimps, 5g KH (S. 80)	Curry-Hähnchen, 5g KH (S. 101)	Bei den Guacamole-Eiern können 3 Personen mit Ihnen essen. Sie sollten frisch verzehrt werden. Das Curry-Hähnchen reicht für 4 Portionen, Reste können 2–3 Tage im Kühlschrank oder länger im Tiefkühler aufbewahrt werden.
11	2 Avocado-Muffins, 4g KH (S. 67)	Brokkoliauflauf, 5g KH (S. 90)	Rinderschmorbraten, 4g KH (S. 96)	Brokkoliauflauf ist vielleicht noch da? Zum Aufwärmen mit etwas Wasser besprenkeln und zugedeckt bei 180°C in den Backofen geben.
12	1 Portion Auberginenaufstrich mit 2 hart gekochten Eiern, 4g KH (S. 58)	2 Keto-Kräuterpfannkuchen mit 1–2 weich gekochten Eiern, 4g KH (S. 54)	Curry-Hähnchen, 5g KH (S. 101)	Wenn der Auberginenaufstrich alle ist, können Sie ihn frisch zubereiten oder sich stattdessen zur Abwechslung eine Geflügel- oder Lachspastete in den Kühlschrank legen. Curry-Hähnchen haben Sie eventuell noch von vorgestern.
13	1 Keto-Kräuterpfannkuchen mit 1 hart gekochten Ei, 2g KH (S. 54)	Blumenkohlsuppe mit Kurkuma, 5g KH (S. 82)	Kräuterfleischbällchen, 2g KH (S. 104)	Von 4 Portionen Blumenkohlsuppe können Sie nicht benötigte einfrieren oder an den nächsten Tagen essen. Von den Kräuterfleischbällchen gibt es 12 Stück, 3 für gleich, 3 für morgen pro Person. Wenn sie auch für morgen Mittag reichen sollen, machen Sie einfach die doppelte Menge.
14	Guacamole-Eier, 2g KH (S. 64)	Kräuterfleischbällchen, 2g KH (S. 104)	Safranfisch, 5g KH (S. 115)	Guacamole-Eier können Sie auch für 1 Portion zubereiten. Die angeschnittene Avocado dann mit Kern in Frischhaltefolie gewickelt im Gemüsefach aufbewahren. Safranfisch gibt es für 4 Portionen, Reste einfrieren.

7-TAGE-PLAN KETO MIT INTERVALLFASTEN

Tag	1. Mahlzeit	2. Mahlzeit		
1	Russische Eier mit grünem Spargel mit 1 Cloud Bread, 3g KH (S. 61)	2 Portionen Spinat-Avocado-Creme mit 2 Cloud Breads, 10g KH (S. 72)	Zusätzlich auf die beiden Mahlzeiten verteilt: 1 große, reife Avocado	Das Rezept für Cloud Bread ist für 8 Stück, sie reichen für 1 Keto-Intervallfaster in dieser Woche. In Frischhaltefolie gewickelt halten sie auch so lange im Kühlschrank, können aber stückweise eingefroren und zum Auftauen in einer mäßig heißen beschichteten Pfanne geschwenkt werden.
2	2 Scheiben Lachspastete mit 1 Cloud Bread, 3g KH (S. 49)	Auberginen-Moussaka, 5g KH (S. 92)	Zusätzlich zu beiden Mahlzeiten: je 50g knusprig gebratenen Frühstücksspeck	Aus der Lachspastete können Sie 20 dünne Scheiben schneiden. Für Sie dürfen die jetzt dicker ausfallen – Sie sollen in kein allzu großes Kaloriendefizit fallen. Die 4 Portionen Moussaka halten sich 2–3 Tage im Kühlschrank und können auch portionsweise eingefroren werden.
3	1 Portion Spinataufstrich mit 2 Cloud-Breads, 4g KH (S. 57)	Teriyaki-Rindfleisch mit 1 Cloud Bread, 5g KH (S. 98)	Hart gekochte Eier sind gehaltvoll und geeignet, um ein paar Extra-Kalorien zu bekommen: Heute gibt es 3 davon.	Das Rezept für Teriyaki-Rindfleisch ist für 2 Portionen gedacht. Zutaten halbieren funktioniert nicht so gut im Thermomix – Sie können das Fleisch aber auch in der Pfanne braten und die Portion nach Belieben etwas größer ausfallen lassen.
4	Käse-Omelette, 3g KH (S. 62)	Kalte Gurken-Avocado-Creme mit Garnelen und 2 Keto-Kräuterpfannkuchen, 10g KH (S. 54)	Reichern Sie die Gurken-Avocado-Creme zusätzlich mit 2 EL Avocadoöl und 100g Garnelen an.	Die Zutaten für die Keto-Kräuterpfannkuchen reichen für 6 Stück. Was Sie heute nicht essen, können Sie in Frischhaltefolie gewickelt im Kühlschrank aufbewahren und gerne auch als Kalorienbooster vor dem Fastenintervall einsetzen.
5	Curry-Eiersalat, 4g KH (S. 66)	Gefüllte Champignons, 2g KH (S. 103)	Heute passt wieder Frühstücksspeck zu den Mahlzeiten: je 50g davon in einer beschichteten Pfanne knusprig braten	Das Rezept für die gefüllten Champignons ist für 4 Portionen gedacht. Weniger als 2 Portionen können im Thermomix nicht zubereitet werden. Essen Sie allein, können Sie eine 2. Portion morgen oder übermorgen auch kalt verzehren.
6	Lachsrührei mit 1 Cloud Bread, 3g KH (S. 63)	Curry-Hähnchen, 5g KH (S. 101)	Zu beiden Gerichten passen die Keto-Kräuterpfannkuchen. Gönnen Sie sich heute 3 davon.	Vom Rezept für das Curry-Hähnchen könnten 4 Personen essen. Für Nicht-Keto-Familie oder Gäste reichen Sie Reis dazu. Ansonsten können Sie das Gericht portionsweise einfrieren oder für die nächsten 2–3 Tage im Kühlschrank aufbewahren.
7	2 Portionen Avocado mit Speck und Spiegelei, 16g KH	Gedünsteter Lachs mit Salatpesto, 1g KH	Ihren Kalorien-Input müssen Sie heute nicht aufpeppen. Sollten Sie Hunger bekommen: 1 Tasse heiße Brühe schafft Abhilfe.	Heute dürfen Sie die beiden Portionen aus dem Rezept für Avocado mit Speck und Spiegelei allein aufessen! Vom Pesto für den Lachs gleich die vorgesehenen 4 Portionen zubereiten – im gut verschließbaren Schraubglas hält es sich bis zu 1 Woche. Die Lachsportionen können Sie dann je nach Zahl der Esser variieren.

EINKAUFSLISTE

Was Sie immer wieder benötigen werden:

- Kokosöl
- Ghee
- MCT- und Olivenöl
- Senf
- Tomatenmark
- Getrocknete Tomaten ohne Öl
- Sojasauce (zuckerarm)
- Cremige Kokosmilch in Dosen (200 ml)
- Keto-Mayonnaise, am besten selbst gemacht
- Geflügel- und Fleischbrühe (Pulver oder gekörnt)
- Bio-Zitrone
- Knoblauch
- Ingwerwurzel
- Zwiebeln und Schalotten
- Ungeschälte, ganze Mandeln
- Petersilie, Schnittlauch und Kräuter – evtl. auf der Fensterbank gezogen

Für Ihre 1. Woche brauchen Sie:

Es mag Ihnen viel erscheinen, was Sie für Ihre 1. Woche benötigen. Bedenken Sie aber, dass die meisten Rezepte für vier Portionen berechnet sind. Für kleinere Haushalte haben wir vorgesehen, die Gerichte während einer Woche zweimal zu essen oder sie einzufrieren (Beschriftung nicht vergessen!).

55 Eier, Größe M – nicht erschrecken: Die Menge bezieht sich auf alle 21 Rezepte, die größtenteils für vier Personen angelegt sind. Überschüssige Eier können Sie gut im Kühlschrank aufbewahren.

Tage 1–3
200 g Räucherlachs (für zwei Mahlzeiten à zwei Personen)
600 g gemischtes Hackfleisch
1 Hähnchenschenkel mit Haut (für zwei Mahlzeiten à zwei Personen)
1 Staudensellerie
1 reife Avocado
1 Bund Radieschen
100 g Frühstücksspeck
2 Lauchzwiebeln

Tage 3 und 4
300 g Geflügelleber
600 g Rinderhackfleisch
800 g Gulaschfleisch vom Rind
100 g Schinkenspeck
500 g Champignons

Tage 5, 6 und 7
250 g gekochter Schinken
100 g grüner Spargel
1 kleine rote Paprikaschote
100 g Kirschtomaten
75 g gekochte Shrimps
400 g Kabeljaufilet
4 Garnelen
650 g Aubergine
250 ml Fischfond
600 Rinderhackfleisch
400 g Rumpsteak
600 g Schweineschulter
100 g Schinkenspeck
200 ml passierte Tomaten (Dose)

Für die 2. Woche haben wir keine Einkaufsliste vorbereitet. Je nachdem, für wie viele Personen Sie kochen, haben Sie vielleicht noch viel eingefroren oder im Kühlschrank vorrätig. Eventuell haben Sie auch schon Ideen entwickelt, wie Sie Ihre Lieblingsgerichte ketogerecht verwandeln können, und wollen auf eigene Faust kochen. Wir haben Ihnen hier ja lediglich Beispiele an die Hand gegeben, wie Ihre Mahlzeiten aussehen könnten und was Sie dafür einkaufen müssten.

REZEPTE

Frühstück, Brunch und Lunch

Keto-Pancakes

Für 12 Stück • Pro Stück: 125 kcal, 5 g E, 11 g F, 1 g KH

250 g Quark (20 % Fett)
4 Eier, Größe M
50 g Mandelmehl
1 Pck. Backpulver
6 gestrichene TL Kokosöl

1. Den Backofen auf 80 °C Ober-/Unterhitze (Umluft 60 °C) vorheizen.
2. Quark, Eier, Mandelmehl und Backpulver in den Mixtopf geben und **20 Sekunden/Stufe 4,5** mit aufgesetztem Messbecher verrühren. Dann Teig in eine Schüssel umfüllen.
3. Jeweils ½ TL Kokosöl in einer kleinen Pfanne (ca. 11 cm Ø) schmelzen, 1 kleine Kelle Teig hineingeben und bei sehr milder Hitze stocken lassen, bis sich an der Oberfläche Löcher zeigen. Fladen behutsam wenden (am besten geht das mit einem Silikon-Pfannenwender) und kurz fertig backen.
4. Pfannkuchen auf einen Teller geben und im Backofen warm halten, bis alle 12 Pancakes gebacken sind. Zum Servieren nach Belieben belegen.

Tipp: Die fluffigen Pancakes schmecken gut mit zum Beispiel 200 g geräuchertem Lachs und 200 g Schmand. Pro Portion sind das dann 195 kcal, 9 g E, 17 g F, 2 g KH. Sie können die Pancakes, die mit Beerenobst und Schmand ebenfalls lecker sind, auch kalt und zu Röllchen geformt mitnehmen.

Leberpastete

Für ca. 10 Portionen • Pro Portion (2 EL): 95 kcal, 6 g E, 8 g F, 0 g KH

2 Schalotten
1 Knoblauchzehe
50 g Frühstücksspeck
300 g Geflügelleber
50 g Ghee oder reines Gänseschmalz
1 Stängel frischer Thymian, Majoran oder Petersilie
1 TL grobes Meersalz
frisch gemahlener schwarzer Pfeffer
Rote Beeren nach Belieben

1. Schalotten abziehen und halbieren. Die Knoblauchzehe schälen. Beides in den Mixtopf geben und mit aufgesetztem Messbecher **2 x 3 Sekunden/Stufe 5** zerkleinern. Den Frühstücksspeck in Würfel schneiden. Die Geflügelleber von den Sehnen befreien, größere Stücke halbieren.
2. Speckwürfel, Schalotten und Knoblauch mit dem Ghee in einer beschichteten Pfanne bei milder Hitze glasig dünsten. Die Leberstücke zufügen und unter gelegentlichem Rühren 6–8 Minuten braten, bis sie vollständig durchgebraten sind. Eventuell einen Spritzschutz aufsetzen – die feuchten Leberteile »explodieren« bei Hitze gern und es spritzt.
3. In der Zwischenzeit Kräuter waschen, mit Küchenpapier trocken tupfen und die Blätter von den Stängeln zupfen.
4. Das Fett aus der Pfanne in eine Schüssel abgießen. Pfanneninhalt in den Mixtopf geben und **12 Sekunden/Stufe 8** zu einer glatten Paste mixen. Die Kräuter dazugeben, Paste mit Salz und Pfeffer würzen und weitere **3 Sekunden/Stufe 8** mixen.
5. Zum Aufbewahren in ein 250-ml-Schraubglas füllen, fest andrücken und das abgegossene Fett obenauf geben. Nach Belieben mit Roten Beeren bestreuen und fest verschließen.

Tipp: Cremiger wird die Pastete, wenn Sie zusammen mit den Gewürzen noch 2–3 EL Sahne untermixen. Statt des einfachen Frühstücksspecks (Bacon) gibt die italienische Pancetta ein noch delikateres Aroma. Die Leberpastete, die Sie auch mit Kalbs- oder Rinderleber zubereiten können, hält sich im Kühlschrank ca. 1 Woche.

Avocado mit Speck und Spiegelei

Für 2 Portionen • Pro Portion: 401 kcal, 15 g E, 35 g F, 8 g KH

1 Avocado
1 hart gekochtes Ei
30 g Crème fraîche
1 TL Zitronensaft
1 EL scharfer Senf
Salz, Pfeffer
30 g Frühstücksspeck
15 g Ghee
2 Eier, Größe M
Salatgarnitur nach Belieben

1. Die Avocado waschen (die Schale wird zwar nicht gegessen, Schadstoffe und Verunreinigungen können jedoch an Händen und Messer haften bleiben), Frucht längs halbieren, den Kern entfernen und einen Großteil des Fruchtfleisches mit einem Löffel herausheben – es kann ein kleiner Fruchtfleischrand stehen bleiben. Das hart gekochte Ei schälen und vierteln.
2. Avocado-Fruchtfleisch, hartes Ei, Crème fraîche, Zitronensaft und Senf in den Mixtopf geben und mit aufgesetztem Messbecher **5 Sekunden/Stufe 4** cremig mixen. Mit Salz und Pfeffer abschmecken und in die Schalenhälften füllen.
3. Frühstücksspeck in Streifen schneiden. 5 g Ghee in einer kleinen beschichteten Pfanne schmelzen und den Speck darin knusprig braten. Auf den Avocadohälften verteilen.
4. Restliches Ghee in die Pfanne geben und bei milder Hitze 2 Spiegeleier braten und obenauf setzen. Nach Belieben (wenn Sie schon in der Ketose sind) können Sie pro Portion eine mittelgroße Tomate und einige Salatblätter mit 1 EL Nussöl beträufelt dazu essen.

Info: Avocados mit ihrem hohen Fettanteil (ca. 15–23 g Fett pro 100 g, je nach Sorte und Reifungsgrad), reichlich Ballaststoffen und den lebenswichtigen Vitaminen A und E sind aus der Keto-Ernährung nicht wegzudenken. Leider enthalten sie aber auch etwa 4 g Kohlenhydrate pro 100 g. Davon sind drei Viertel Ballaststoffe, die in der Keto-Ernährung aber trotzdem zählen.

Geflügelpastete

Für 18 Scheiben • Pro Scheibe: 163 kcal, 10 g E, 13 g F, 2 g KH

500 g Hühnerbrustfilet mit Haut
450 ml Schlagsahne
75 g ganze, geschälte Mandeln
2 Eiweiß, Größe M
50 g geschälte Pistazien
Salz, Pfeffer
je ½ TL gemahlener Zimt und Kardamom
Saft und Schale von ½ Bio-Zitrone

1. Das Hühnerbrustfilet in grobe Würfel schneiden, auf einem gefrierbeständigen Teller oder im Tiefkühlbeutel flach ausbreiten und 1 Stunde ins Tiefkühlfach legen. Der Thermomix® kann das so angefrorene Fleisch gleichmäßiger zerkleinern. 250 ml Sahne ebenfalls im Tiefkühlfach gut durchkühlen lassen.
2. Den Backofen auf 180 °C Ober-/Unterhitze (Umluft 160 °C) vorheizen. 2 Fingerbreit Wasser in eine Kasserolle füllen, in die die verwendete Terrinenform passt. Die Kasserolle in den Ofen stellen.
3. Mandeln in den Mixtopf geben und mit aufgesetztem Messbecher **10 Sekunden/Stufe 8** mahlen. In eine Schüssel umfüllen und mit den nicht gekühlten restlichen 200 ml Sahne vermischen. Den Mixtopf nicht reinigen.
4. Das Fleisch mit dem Eiweiß in den Mixtopf geben und **10 Sekunden/Stufe 6** (Messbecher!) zerkleinern. Die gekühlte Sahne, die Mandel-Sahne-Mischung und die übrigen Zutaten hinzufügen und alles **30 Sekunden/Stufe 4 linksdrehend** gut vermischen.
5. Masse in eine kalt ausgespülte Terrinenform (oder Kastenform, ca. 24 cm Länge) füllen. Zugedeckt im Wasserbad im Backofen 1 Stunde garen. Herausnehmen, vollständig auskühlen lassen und dann aus der Form heben.

Lachspastete

Für ca. 20 Scheiben • Pro Scheibe: 148 kcal, 8 g E, 13 g F, 1 g KH

750 g frisches Lachsfilet ohne Haut
½ Bio-Zitrone
250 ml Schlagsahne
3 EL MCT- oder Olivenöl
1 TL Rosa Beeren
50 g Pinienkerne
Salz, Pfeffer
Butter für die Form
Salatgarnitur nach Belieben

1. Den Lachs in Würfel schneiden, auf einem gefrierfesten Teller oder in einem Gefrierbeutel ausbreiten und etwa 1 Stunde im Tiefkühlfach anfrieren lassen. Die Zitrone heiß waschen, 2 TL Schale abraspeln und die Frucht auspressen.
2. Den Backofen auf 180 °C Ober-/Unterhitze (Umluft 160 °C) vorheizen.
3. 500 g Lachs mit Zitronenschale und -saft sowie der Sahne und dem Öl mit aufgesetztem Messbecher im Mixtopf **10 Sekunden/Stufe 6** pürieren. Restlichen Lachs, Rosa Beeren und Pinienkerne dazugeben und **3 Sekunden/Stufe 5** zerkleinern. Mit Salz und Pfeffer würzen.
4. Eine Terrinen- oder Kastenform (ca. 25 cm Länge) ausbuttern, die Lachsfarce einfüllen und glatt streichen. Mit Deckel oder Alufolie verschließen. Eine Auflaufform 3 cm hoch mit heißem Wasser füllen, die Terrine hineinstellen und auf der mittleren Schiene des Backofens 35–40 Minuten stocken lassen.
5. Herausnehmen und auskühlen lassen, anschließend im Kühlschrank kalt stellen. Zum Servieren auf eine Platte stürzen, in Scheiben schneiden und nach Belieben mit Salat garnieren.

Tipp: Als Salatgarnitur eignen sich gemischte Pflücksalate vom Markt mit Paprika- oder Tomatenstreifen. Für das Dressing können Sie Meerrettich (aus dem Glas) mit dem Saft von ½ Zitrone, Salz, Pfeffer und Olivenöl verrühren.

Cloud Bread

Für 8 Stück • Pro Stück: 87 kcal, 5 g E, 7 g F, 1 g KH

4 Eier, Größe M
Salz
25 g Ghee oder Kokosöl
120 g Quark (40 % Fett) oder Frischkäse
1 TL Backpulver

1. Den Backofen auf 150 °C Ober-/Unterhitze (Umluft 130 °C) vorheizen.
2. Den Schmetterling in den Mixtopf setzen. Die Eier trennen. Eiweiße mit 1 Prise Salz im sehr (!) sauberen Mixtopf **4 Minuten/Stufe 3,5** steif schlagen. In eine Schüssel umfüllen. Mixtopf nicht spülen.
3. Ghee oder Kokosöl in den Mixtopf geben und **25 Sekunden/100 °C/Rührstufe** schmelzen. Quark und Eigelbe mit dem Backpulver hinzufügen und **5 Sekunden/Stufe 3** verrühren. Dann Masse zum Eischnee geben und vorsichtig unterheben. Es sollen noch »Wölkchen« vom Eischnee sichtbar sein.
4. Ein Backblech mit Backpapier auslegen und mit einem Esslöffel 8 kleine Häufchen (ca. 6–7 cm Ø) mit Abstand (der Teig zerläuft etwas) daraufsetzen. Cloud Bread 20–25 Minuten im Ofen hell oder hellbraun backen.

Tipp: Nach Belieben können Sie das »Wolkenbrot« oder die Oopsies, wie das Cloud Bread auch genannt wird, vor dem Backen mit Sesam oder allerlei Körnern bestreuen. Kräuter können Sie direkt ins Quark-Ei-Gemisch geben. Sie können den Teig auch auf dem Backblech verstreichen und nach dem Backen und Auskühlen in Vierecke schneiden.

Haselnussbrot

Für ca. 20 Scheiben • Pro Scheibe: 111 kcal, 5 g E, 89 g F, 1 g KH

100 g Leinsamen
130 g ganze, ungeschälte Haselnüsse
25 g Chiasamen
5 Eier, Größe M
300 g Quark (40 % Fett)
1 TL Salz
1 Pck. Backpulver
etwas Fett für die Form

1. Den Backofen auf 180 °C Ober-/Unterhitze (Umluft 160 °C) vorheizen.
2. Leinsamen und 80 g Haselnüsse in den Mixtopf geben und mit aufgesetztem Messbecher **15 Sekunden/Stufe 8** zerkleinern.
3. Die restlichen Zutaten dazugeben und **20 Sekunden/Stufe 4** zu einem Teig verrühren.
4. Eine Kastenform (ca. 25 cm Länge) dünn einfetten, den Teig hineinfüllen und Brot im vorgeheizten Backofen 55–60 Minuten backen. Gegen Ende der Backzeit eventuell mit Alufolie abdecken.
5. In der Form abkühlen lassen, dann stürzen und möglichst frisch genießen. Im Kühlschrank hält sich das Brot 2–3 Tage.

Möhrenbrot

Für ca. 20 Scheiben • Pro Scheibe: 149 kcal, 6g E, 12g F, 2g KH

250g Möhren
75g Leinsamen
60g Chiasamen
1 EL Koriandersaat
200g ganze ungeschälte Mandeln oder Haselnüsse
4 EL Kokosöl
½ Pck. Backpulver
2 TL Salz
6 Eier, Größe M

1. Den Backofen auf 180 °C Ober-/Unterhitze (Umluft 160 °C) vorheizen.
2. Die Möhren schälen, putzen, grob zerschneiden und in den Mixtopf geben. **5 Sekunden/Stufe 5** mit aufgesetztem Messbecher zerkleinern. Mit dem Spatel nach unten schieben und den Vorgang noch 2 Mal wiederholen.
3. Möhrenraspel auf einem mit Backpapier ausgelegten Backblech verteilen und 20 Minuten im Backofen trocknen. Vom Backblech ziehen und auskühlen lassen. Den Mixtopf spülen und gut abtrocknen.
4. Leinsamen, Chiasamen und Koriandersaat **40 Sekunden/Stufe 9** im Mixtopf mahlen. Die Mandeln dazugeben und alles weitere **10 Sekunden/Stufe 6** mahlen.
5. Kokosöl, Backpulver, Salz, Eier und getrocknete Möhren zufügen und **2 Minuten/Knetstufe** zu einem Teig verarbeiten.
6. Eine Kastenform (24 cm Länge) mit Backpapier auslegen, den Teig hineinfüllen und auf der mittleren Schiene im Ofen 1 Stunde backen. Anschließend 15 Minuten im ausgeschalteten Ofen ruhen lassen. Dann Brot aus der Form heben und vollständig auskühlen lassen.

Keto-Kräuterpfannkuchen

Für 6 Stück • Pro Stück: 148 kcal, 9g E, 12g F, 2g KH

50g frische gemischte Kräuter (z.B. Petersilie, Majoran)
4 hart gekochte Eier, Größe M
4 Eier, Größe M
1 gestrichener TL Salz
Pfeffer
6TL Kokosöl

1. Kräuter waschen und mit Küchenpapier trocken tupfen. Die Blätter von den Stängeln zupfen. Die harten Eier schälen und halbieren. Beides in den Mixtopf geben und **5 Sekunden/Stufe 5** zerkleinern. Mit dem Spatel nach unten schieben.
2. Frische Eier mit Salz und Pfeffer dazugeben und alles mit aufgesetztem Messbecher **15 Sekunden/Stufe 5** zu einer cremigen Masse mixen.
3. 1 TL Kokosöl in einer beschichteten Pfanne (ca. 20cm Ø) bei milder Hitze schmelzen und 1 Kelle Teig hineingeben. Schwenken, bis der ganze Boden bedeckt ist.
4. Pfannkuchen 1½–2 Minuten backen, bis sich an der Oberfläche kleine Löcher zeigen. Dann wenden und in ½ Minute fertig backen. (Alternativ nur auf einer Seite backen, bis die Oberfläche gestockt ist.) Vorgang wiederholen, bis der Teig aufgebraucht ist.
5. Pfannkuchen heiß oder lauwarm genießen.

Tipp: Sie können die Pfannkuchen auch süß, ohne Kräuter und Pfeffer, zubereiten. Sie schmecken lecker mit Schmand und frischen Heidel- oder Erdbeeren. Dazu passt auch die Schokoladen-Sauce von Seite 128. Für Ihre Keto-Anfänge können Sie die Pfannkuchen auf Vorrat zubereiten und einzeln einfrieren oder im Kühlschrank 3–4 Tage aufbewahren.

Quark-Eier-Brot mit Mandeln

Für ca. 20 Scheiben • Pro Scheibe: 51 kcal, 2g E, 4g F, 1g KH

60g ganze, ungeschälte Mandeln
80g Leinsamen
15g Weizenkleie
150g Quark (40 % Fett)
4 Eier, Größe M
½ Pck. Backpulver
½TL Salz
etwas Fett für die Form

1. Den Backofen auf 160°C Ober-/Unterhitze (Umluft 140°C) vorheizen.
2. Mandeln und 50g Leinsamen in den Mixtopf geben und mit aufgesetztem Messbecher **10 Sekunden/Stufe 8** mahlen.
3. Weizenkleie, Quark, Eier, Backpulver und Salz dazugeben und **20 Sekunden/Stufe 4** zu einem recht dünnen Teig verrühren.
4. Eine Kastenform (ca. 24cm Länge) dünn einfetten, den Teig hineinfüllen und mit den restlichen Leinsamen bestreuen. Brot im vorgeheizten Backofen 45–50 Minuten backen, bis an der Oberfläche eine goldgelbe Kruste entstanden ist.
5. Vollständig auskühlen lassen und aus der Form lösen.

Tipp: Wegen der enthaltenen Eier Brot am besten im Kühlschrank aufbewahren und innerhalb von 3 Tagen verbrauchen.

Info: Weizenkleie entsteht bei der Getreideverarbeitung. Sie bleibt übrig, wenn das Mehl abgesiebt ist, wodurch kaum noch Kohlenhydrate enthalten sind. Sie besteht etwa zur Hälfte aus Ballaststoffen und punktet mit viel Eiweiß. Als Zutat beim Backen ist sie nützlich, weil sie schnell aufquillt und den Teig luftiger macht.

Spinataufstrich

Für 10 Portionen • Pro Portion: 90 kcal, 1 g E, 9 g F, 1 g KH

150 g frischer oder TK-Spinat
5 Stängel glatte Petersilie
50 g ganze Haselnüsse
1 Zwiebel
25 g Ghee
150 g Mascarpone
1–2 TL Flohsamenschalen nach Bedarf
Salz, Pfeffer

1. Spinat waschen, verlesen und gut abtropfen lassen. TK-Spinat auftauen und gut ausdrücken. Petersilie waschen, mit Küchenpapier trocken tupfen und die Blätter von den Stängeln zupfen.
2. Haselnüsse in den Mixtopf geben und mit aufgesetztem Messbecher **5 Sekunden/Stufe 7** zerkleinern. Dann in eine Schüssel umfüllen.
3. Die Zwiebel abziehen und vierteln. In den Mixtopf geben und **5 Sekunden/Stufe 5** zerkleinern. Mit dem Spatel nach unten schieben, Ghee dazugeben und Zwiebel **4 Minuten/120 °C/Stufe 1,5** andünsten. Spinat und Petersilie zufügen und **3 Sekunden/Stufe 5** zerkleinern.
4. Nüsse und Mascarpone **7 Sekunden/Stufe 3 linksdrehend** einrühren. Wenn der Aufstrich zu dünnflüssig erscheint, etwas Flohsamenschalen unterrühren, das bindet die Flüssigkeit.
5. Mit Salz und Pfeffer abschmecken und zugedeckt bei Zimmertemperatur 1 Stunde durchziehen lassen.

Tipp: Solche Gemüseaufstriche lassen sich auch mit anderen kohlenhydratarmen Blattgemüsen zubereiten, zum Beispiel Mangold, Feldsalat, Kresse oder Bärlauch. Wenn Sie Kohlsorten verwenden, sollten Sie diese zuvor blanchieren, damit der Aufstrich nicht zu bissfest wird.

Auberginenaufstrich

Für ca. 10 Portionen • Pro Portion: 80 kcal, 2g E, 8g F, 2g KH

1 große Zwiebel
50g Frühstücksspeck
4EL Olivenöl
500g Auberginen
1 rote Peperonischote nach Belieben
2 Stängel frischer Oregano (oder 1TL getrockneter)
1TL gemahlener Kreuzkümmel
½TL Chilipulver
Salz

1. Die Zwiebel abziehen und vierteln. Frühstücksspeck in Streifen schneiden. Beides zusammen mit dem Olivenöl in den Mixtopf geben und mit aufgesetztem Messbecher **6 Minuten/120°C/Stufe 1,5** dünsten.
2. In der Zwischenzeit die Auberginen waschen, putzen und grob würfeln. Wenn Sie gerne scharf essen: Die Peperonischote waschen, putzen und etwas zerkleinern. Auberginen (und eventuell Peperonistücke) in den Mixtopf geben und **3 Sekunden/Stufe 5** zerkleinern. 50ml Wasser zufügen und Gemüse in **12 Minuten/100°C/Stufe 2** weich dünsten.
3. Oregano waschen, trocken schütteln und die Blätter von den Stängeln zupfen. Mit Kreuzkümmel und Chilipulver in den Mixtopf geben und das Ganze **10–15 Sekunden/Stufe 6** (Messbecher!) nicht zu fein pürieren. Mit Salz abschmecken.
4. Zum Aufbewahren Aufstrich heiß in gut verschließbare Gläser füllen. Ansonsten abkühlen lassen und zum Beispiel auf Gurkenscheiben gestrichen genießen.

Tipp: Sie können den Auberginen-»Kaviar« auch mit etwas Apfelessig oder Zitronensaft würzen. Er schmeckt nicht nur auf Gemüsescheiben, sondern auch zu gebratenem oder gegrilltem Fleisch.

Info: Verwenden Sie so oft wie möglich Apfelessig, wenn Sie einen Salat zubereiten oder eine Suppe oder Sauce würzen. Am besten kaufen Sie Apfelessig in Bio-Qualität und naturtrüb. Seine vielen gesundheitlich wertvollen Bestandteile kommen nie aus der Mode. Er senkt den Blutzuckerspiegel, gilt als Fatburner und reguliert Cholesterinwerte.

Grundrezept für ein Omelette

Für 1 Portion • Pro Portion: 453 kcal, 14 g E, 43 g F, 3 g KH

30 g Butter oder Ghee
2 Eier, Größe M
50 ml Schlagsahne
Salz, Pfeffer

1. Den Einlegeboden des Varoma wie oben beschrieben mit feuchtem Backpapier auslegen.
2. Butter in den Mixtopf geben und **20 Sekunden/60 °C/Stufe 1** schmelzen. Eier, Sahne, Salz und Pfeffer dazugeben und **10 Sekunden/Stufe 3** verrühren.
3. Eimasse auf das Backpapier gießen, Wasser in den Mixtopf füllen, Varoma aufsetzen und das Omelette **18–20 Minuten/Varoma/Rührstufe** stocken lassen.

Russische Eier mit grünem Spargel

Für 4 Portionen • Pro Portion (je 2 Eier): 301 kcal, 18 g E, 25 g F, 2 g KH

Salz
100 g grüner Spargel
8 hart gekochte Eier, Größe M
75 g Keto-Mayonnaise (Fertigprodukt oder Rezept Seite 132)
1 TL scharfer Senf
1–2 Msp. Cayennepfeffer
75 g Shrimps oder Nordseekrabben

1. 1 ½ l Wasser mit 1 Prise Salz in den Mixtopf geben und in ca. **12 Minuten/100 °C/Rührstufe** zum Kochen bringen.
2. In der Zwischenzeit den Spargel waschen, im unteren Drittel schälen und die Stangen in etwa 3 cm lange Stücke schneiden. In das Garkörbchen legen und dieses ins kochende Wasser einhängen. Spargel **5 Minuten/100 °C/Rührstufe** blanchieren und anschließend mit kaltem Wasser abschrecken, damit er schön grün bleibt. Den fertigen Spargel beiseite legen.
3. Mixtopf ausleeren und abtrocknen. Die hart gekochten Eier schälen und halbieren und das Eidotter vorsichtig mit einem Teelöffel herausnehmen.
4. Eigelbe, Mayonnaise, Senf und Cayennepfeffer in den Mixtopf geben und **8 Sekunden/Stufe 5** verrühren. Die Creme in die ausgehöhlten Eihälften füllen.
5. Shrimps in ein Sieb geben, kalt abbrausen und gut abtropfen lassen. Die Eihälften mit Shrimps und Spargelstücken belegen.

Tipp: Den Variationen sind hier kaum Grenzen gesetzt. Ganz Keto-like passen zum grünen Spargel zum Beispiel Anchovis, Räucherfisch, Krebsfleisch oder Matjes in dünnen Streifen.

Käse-Omelette

Für 2 Portionen • Pro Portion: 364 kcal, 14 g E, 19 g F, 3 g KH

60 g alter Gouda
4 Eier, Größe M
50 ml Schlagsahne
Salz, Pfeffer
30 g Butter

1. Den Backofen auf 80 °C Ober-/Unterhitze (Umluft 60 °C) vorheizen.
2. Die Hälfte des Goudas in dünnen Scheiben abschneiden und beiseite legen. Den restlichen Käse grob zerschneiden, in den Mixtopf geben und mit aufgesetztem Messbecher **8 Sekunden/Stufe 8** reiben.
3. Eier, Sahne, Salz und Pfeffer dazugeben und **30 Sekunden/Stufe 4** (Messbecher!) verquirlen.
4. 15 g Butter in einer kleinen beschichteten Pfanne (ca. 16 cm Ø) schmelzen. Die Hälfte der Eimasse hineingießen und bei mittlerer Hitze 2 Minuten stocken lassen. Die Hälfte der Käsescheiben darauflegen und Omelette zugedeckt weitere 2 Minuten garen.
5. Omelette zusammenklappen, auf einen Teller geben und im Backofen warm halten. Aus den restlichen Zutaten ein zweites Omelette backen.

Tipp: Dieses Grundrezept können Sie für 1 oder mehrere Portionen abwandeln. Immer gut zur Käse-Eier-Kombination: einige Scheiben Tomaten oder gehackte Kräuter.

Lachsrührei

Für 2 Portionen • Pro Portion: 468 kcal, 24 g E, 41 g F, 2 g KH

4 Eier, Größe M
50 g Ghee
Salz, Pfeffer
30 ml Mineralwasser mit Kohlensäure
2 Stängel glatte Petersilie
100 g geräucherter Lachs

1. Die Eier mit Ghee, Salz, Pfeffer und Mineralwasser in den Mixtopf geben und **10 Sekunden/Stufe 3** verrühren.
2. Petersilie waschen, mit Küchenpapier trocken tupfen und die Blätter von den Stängeln zupfen.
3. Den Varoma mit feuchtem Backpapier auslegen (die Schlitze zur Dampfzirkulation müssen frei bleiben!) und die Eimasse hineingießen. Die Petersilienblätter darauf verteilen.
4. 250 ml Wasser in den Mixtopf gießen (muss nicht gespült werden), Varoma aufsetzen und die Eimasse **12–15 Minuten/Varoma/Rührstufe** stocken lassen. Zwischendurch öfter mal durchrühren.
5. Lachs in mundgerechte Stücke schneiden. Rührei auf 2 Tellern anrichten und den Lachs darauf verteilen.

Guacamole-Eier

Für 4 Portionen • Pro Portion (je 2 Eier): 241 kcal, 14 g E, 20 g F, 2 g KH

8 hart gekochte Eier, Größe M
1 reife Avocado
1 TL scharfer Senf
etwas Zitronensaft
Salz, Pfeffer
2 Radieschen
2 Stängel glatte Petersilie
Chiliflocken nach Belieben

1. Die Eier schälen und längs halbieren. Eigelbe vorsichtig mit einem Teelöffel entfernen, ohne die weiße Hülle zu beschädigen. Avocado längs halbieren, den Kern entfernen und das Fruchtfleisch mit einem Löffel herausheben. Nach Belieben einen Teil würfeln und beiseite stellen.
2. Eigelbe, Avocadofruchtfleisch und Senf in den Mixtopf geben und **5 Sekunden/Stufe 4** pürieren. Mit Zitronensaft, Salz und Pfeffer abschmecken, die Avocadostücke dazugeben und **2 Sekunden/Stufe 2 linksdrehend** unterheben. Creme in die Eihälften füllen.
3. Radieschen waschen, putzen, abtrocknen und in Scheiben schneiden. Petersilie waschen, mit Küchenpapier trocken tupfen, die Blätter von den Stängeln zupfen und hacken.
4. Eier mit Radieschen und Petersilie garnieren und nach Belieben mit Chiliflocken bestreuen.

Tipp: Statt Petersilie passt natürlich auch alles mögliche andere Grünzeug, das Garten, Fensterbank oder Markt gerade bieten: Schnittlauch, Kresse, Basilikum …

Schinkeneier

Für 4 Portionen • Pro Portion (je 2 Eier): 462 kcal, 27 g E, 38 g F, 3 g KH

8 hart gekochte Eier, Größe M
2 Lauchzwiebeln
250 g gekochter Schinken
100 g Keto-Mayonnaise (Fertigprodukt oder Rezept Seite 132)
2 EL MCT-Öl
Salz, Pfeffer
4 EL Schnittlauch in Röllchen
8 Radieschen nach Belieben
10 cm Salatgurke nach Belieben

1. Die Eier schälen, längs halbieren und die Dotter mit einem Löffel herausheben, ohne das Weiße zu beschädigen.
2. Die Lauchzwiebeln waschen, putzen und die weißen Teile grob zerschneiden. 1/3 des Schinkens in kleine Quadrate schneiden und beiseite stellen. Restlichen Schinken grob zerschneiden. Lauchzwiebeln und groben Schinken in den Mixtopf geben und mit aufgesetztem Messbecher **5 Sekunden/Stufe 5** zerkleinern. Mit dem Spatel nach unten schieben und den Vorgang 2–3 Mal wiederholen.
3. Mayonnaise, MCT-Öl und Eidotter dazugeben und **8 Sekunden/Stufe 3** untermischen. Mit Salz und Pfeffer abschmecken. Den restlichen Schinken **3 Sekunden/Stufe 3 linksdrehend** einrühren. Die Eihälften mit der Creme füllen, auf einen Teller geben und mit Schnittlauch bestreuen.
4. Nach Belieben zur Garnitur die Radieschen und das Gurkenstück waschen, putzen, in Scheiben schneiden und auf den Tellern verteilen.

Tipp: Statt des Schinkens können Sie auch 1 Dose Thunfisch (ca. 150 g Abtropfgewicht) verwenden.

Curry-Eiersalat

Für 4 Portionen • Pro Portion: 417 kcal, 11 g E, 40 g F, 4 g KH

1 Ei, Größe M
1 TL Weißwein- oder Apfelessig
1 gestrichener EL scharfer Senf
Salz
1 TL mildes oder scharfes Currypulver
125 ml MCT-Öl
100 gl griechischer Joghurt (10 % Fett)
Pfeffer aus der Mühle
4 Lauchzwiebeln
5 hart gekochte Eier, Größe M

1. Das frische Ei, Essig, Senf, ½ TL Salz und Currypulver in den Mixtopf geben. Mit dem Messbecher verschließen, **2 Minuten/Stufe 4** einstellen und in dieser Zeit das Öl langsam in einem dünnen Strahl auf den Mixtopfdeckel gießen. (Das Öl träufelt jetzt unter dem Messbecher durch auf die laufenden Messer.)
2. Joghurt dazugeben und **5 Sekunden/Stufe 2** untermischen. Mit Salz und Pfeffer aus der Mühle abschmecken.
3. Lauchzwiebeln waschen, putzen und mit viel Grün in Ringe schneiden. Die grünen Ringe beiseitelegen. Die Eier schälen und halbieren.
4. Eier und Lauchzwiebeln in den Mixtopf geben und **3 Sekunden/Stufe 4,5** zerkleinern und vermischen.
5. Curry-Eiersalat nach Möglichkeit 30 Minuten durchziehen lassen, dann auf Teller verteilen und mit den restlichen Lauchzwiebelringen bestreut servieren.

Tipp: Im Frühjahr geben 25 g Bärlauchblätter, in Streifen geschnitten, ein mildes Knoblaucharoma.

Avocado-Muffins

Für 12 Stück • Pro Stück: 174 kcal, 8g E, 15g F, 2g KH

100g Bergkäse
1 große Zwiebel
150g Frühstücksspeck
50g Kokosöl
1 reife Avocado
6 Eier, Größe M
Salz, Pfeffer

1. Den Backofen auf 180°C Ober-/Unterhitze (Umluft 160°C) vorheizen.
2. Käse grob zerschneiden, in den Mixtopf geben und mit aufgesetztem Messbecher **8 Sekunden/Stufe 7** reiben. Dann in eine Schüssel umfüllen. Mixtopf nicht spülen.
3. Die Zwiebel abziehen, vierteln, in den Mixtopf geben und **2 x 3 Sekunden/Stufe 5** zerkleinern. Den Frühstücksspeck in Streifen schneiden und mit 40g Kokosöl dazugeben. **4 Minuten/Stufe 2** andünsten und anschließend etwas auskühlen lassen.
4. In der Zwischenzeit die Avocado längs halbieren, den Kern entfernen, das Fruchtfleisch aus der Schale heben und in ca. 1cm große Würfel schneiden.
5. Eier, Salz, Pfeffer und den geriebenen Käse in den Mixtopf geben und **10 Sekunden/Stufe 3,5 linksdrehend** unterheben.
6. Eine Muffinform mit dem restlichen Öl einfetten (oder mit Papierförmchen auslegen), die Avocadowürfel hineingeben und die Eimasse darauf verteilen. Muffins 15–18 Minuten im Ofen goldgelb backen und vollständig auskühlen lassen.

Avocado-Schoko-Muffins

Für 12 Stück • Pro Stück: 204 kcal, 6 g E, 18 g F, 4 g KH

2 reife Avocados
1 Vanilleschote
60 g Ghee oder Kokosöl
4 Eier, Größe M
250 g griechischer Joghurt (10 % Fett)
50 g Zuckerersatz nach Belieben
100 g gemahlene Mandeln
50 g schwach entöltes Kakaopulver
1 Pck. Backpulver
1 Prise Salz

1. Den Backofen auf 180 °C Ober-/Unterhitze (Umluft 160 °C) vorheizen.
2. Die Avocados längs halbieren, Kerne entfernen und das Fruchtfleisch mit einem Esslöffel herausheben. Die Vanilleschote längs aufschlitzen und das Mark herauskratzen.
3. Avocadofruchtfleisch, Vanillemark, 50 g Ghee, Eier, Joghurt und eventuell Zuckerersatz in den Mixtopf geben und mit aufgesetztem Messbecher **10 Sekunden/Stufe 6,5** pürieren. Mit dem Spatel nach unten schieben.
4. Die übrigen Zutaten dazugeben und **10 Sekunden/Stufe 3,5** vermischen.
5. Ein Muffinblech mit dem restlichen Ghee einfetten, den Teig darin verteilen und 20–25 Minuten im Ofen backen. Nach 20 Minuten Garprobe machen: Mit einem Holzstäbchen hineinstechen – wenn kein Teig mehr kleben bleibt, sind die Muffins fertig. Vollständig auskühlen lassen, dann aus den Vertiefungen heben.

Tipp: Wer Schokolade mit einem Kakaoanteil von 85 % mag, wird auch diese Muffins mögen. Durch den hohen Kakaoanteil und den fehlenden Zucker schmecken sie leicht bitter. Mit Schlagsahne und Beerenfrüchten wird auch ein schöner Nachtisch aus den Muffins.

Eier-Muffins

Für 8 Stück • Pro Stück: 223 kcal, 12g E, 18g F, 3g KH

50g ungeschälte, ganze Mandeln
50g gewürfelter Schinkenspeck (»Nuggets«)
200g Quark (40 % Fett)
50g MCT- oder Olivenöl
8 Eier, Größe M
Salz, Pfeffer
je ½TL gemahlener Kreuzkümmel und Kurkuma
etwas Fett für die Form
200g Fleischtomaten
1 EL Schnittlauch in Röllchen nach Belieben

1. Den Backofen auf 180°C Ober-/Unterhitze (Umluft 160°C) vorheizen.
2. Die Mandeln in den Mixtopf geben und **10 Sekunden/Stufe 8** fein mahlen.
3. Bacon-Würfel, Quark, Öl, Eier und Gewürze dazugeben und **10 Sekunden/Stufe 4 linksdrehend** vermischen.
4. 8 Gratinförmchen mit Öl oder Butter einfetten (oder mit Papierförmchen auslegen). Die Tomaten waschen, halbieren, Stielansätze und Kerne entfernen. Das Fruchtfleisch in kleine Würfel schneiden und in die Förmchen verteilen.
5. Eiermasse gleichmäßig darauf verteilen und die Muffins im vorgeheizten Backofen 20 Minuten backen, bis an der Oberfläche eine goldgelbe Kruste entstanden ist.
6. Muffins behutsam – am besten mit einem Löffel – aus den Formen heben und mit Schnittlauch bestreut servieren.

Tipp 1: Die Muffins schmecken auch kalt gut und eignen sich zum Mitnehmen für einen Lunch im Büro.

Tipp 2: Sie können die Gratin-Förmchen (jeweils 4 Stück) auch in den Varoma stellen und die Muffins dort **20 Minuten/Varoma/Rührstufe** garen. Sie bleiben im Dampf saftiger.

Suppen

Spinat-Avocado-Creme

Für 4 Portionen • Pro Portion: 170 kcal, 5g E, 14g F, 4g KH

500g frischer oder TK-Spinat
1 Zwiebel
2EL Olivenöl
800ml Fleischbrühe
1 reife Avocado
Salz, Pfeffer
etwas frisch geriebene Muskatnuss
etwas Zitronensaft

1. Frischen Spinat waschen, verlesen und gut abtropfen lassen. TK-Spinat auftauen lassen und ausdrücken.
2. Zwiebel abziehen und vierteln. Zusammen mit dem Öl in den Mixtopf geben und **5 Sekunden/Stufe 5** zerkleinern. Mit dem Spatel nach unten schieben und mit aufgesetztem Messbecher **4 Minuten/120°C/Stufe 1,5** andünsten.
3. Spinat und Brühe dazugeben und **12 Minuten (frischer Spinat) bzw. 8 Minuten (TK-Spinat)/100°C/Stufe 2** weich kochen.
4. In der Zwischenzeit die Avocado längs halbieren, den Kern entfernen und das Fruchtfleisch mit einem Löffel aus der Schale heben.
5. Avocado zur Suppe geben und das Ganze **30 Sekunden/Stufe 6-8** ansteigend pürieren. Mit Salz, Pfeffer, Muskatnuss und Zitronensaft abschmecken.

Selleriecreme mit Huhn

Für 4 Portionen • Pro Portion: 385 kcal, 28 g E, 28 g F, 4 g KH

1 Zwiebel
3 EL Olivenöl
1 Hähnchenschenkel mit Haut (à ca. 300 g)
Salz, Pfeffer
800 ml Geflügel- oder Gemüsebrühe
1 Staudensellerie (ca. 400 g)
1 Stängel frische Minze
1–2 EL Zitronensaft

1. Die Zwiebel abziehen und vierteln. Zusammen mit dem Öl in den Mixtopf geben und mit aufgesetztem Messbecher **5 Sekunden/Stufe 5** zerkleinern. Mit dem Spatel nach unten schieben und **4 Minuten/120 °C/Stufe 1,5** andünsten.
2. In der Zwischenzeit den Hähnchenschenkel mit Salz und Pfeffer einreiben und in den Varoma legen. Brühe zu den Zwiebeln geben, Varoma aufsetzen und Hähnchen **20 Minuten/Varoma**, Rührstufe garen.
3. Währenddessen Sellerie waschen und putzen. Die zarten inneren Stängel würfeln, die Blättchen beiseite legen. Den Rest mit den Blättern grob hacken.
4. Varoma abnehmen, beiseite stellen und vorsichtig öffnen. Die Selleriewürfel neben das Fleisch legen. Den gehackten Sellerie in die Brühe geben. Varoma wieder aufsetzen und das Ganze **15 Minuten/Varoma/Stufe 1,5** fertig garen.
5. Varoma abnehmen und beiseite stellen. Minze waschen, trocken schütteln, die Blätter vom Stängel zupfen und in die Suppe geben. Suppe 1 Minute/Stufe 8 cremig pürieren und mit Salz, Pfeffer und Zitronensaft abschmecken. **5 Minuten/85 °C/Stufe 2** warm halten.
6. Das Fleisch in Streifen vom Knochen lösen und zusammen mit den Selleriewürfeln auf 4 Teller verteilen. Die Suppe darüber schöpfen und mit den Sellerieblättern garniert servieren.

Tipp: Für die Keto-Kür können Sie die gekochte Haut der Hähnchenteile klein würfeln, in einer beschichteten Pfanne mit 1 EL Ghee oder Olivenöl bei mittlerer Hitze unter Rühren goldbraun und knusprig braten und über die Suppe streuen.

Kalte Gurkensuppe mit Schafskäse

Für 4 Portionen • Pro Portion: 236 kcal, 14 g E, 18 g F, 9 g KH

500 g Salat- oder Gartengurke
1 reife Avocado
1 Knoblauchzehe
200 g Schafskäse
250 ml Geflügel- oder Gemüsebrühe
250 ml Dickmilch
Salz, Pfeffer
6 Eiswürfel nach Belieben
2 EL Schnittlauch in Röllchen

1. Die Gurke schälen. 1/3 davon in Würfel schneiden und beiseite stellen. Die restliche Gurke grob zerschneiden. Die Avocado längs halbieren, den Kern entfernen und das Fruchtfleisch aus der Schale heben. Knoblauchzehe schälen. Schafskäse grob zerteilen.
2. Die vorbereiteten Zutaten mit der Geflügelbrühe in den Mixtopf geben und mit aufgesetztem Messbecher 1 Minute/Stufe 8 fein pürieren.
3. Dickmilch mit dem Spatel einrühren und die Suppe mit Salz und Pfeffer abschmecken. Nach Belieben die Suppe mit den Eiswürfeln **30 Sekunden/Stufe 8** aufmixen, damit sie schön kalt ist. Alternativ einige Stunden in den Kühlschrank stellen.
4. Zum Servieren die Suppe auf 4 Teller verteilen, die gewürfelten Gurken jeweils in die Mitte setzen und mit Schnittlauch bestreut servieren.

Wildkräutersuppe mit Räucherlachs

Für 4 Portionen • Pro Portion: 287 kcal, 13 g E, 24 g F, 5 g KH

75 g Wildkräuter (z. B. Giersch, Löwenzahn, Brennnesseln oder Schafgarbe)
150 g Sauerampfer oder Spinat
1 Zwiebel
50 g Butter oder Ghee
800 ml Fleischbrühe oder -fond
Salz, Pfeffer
geriebene Muskatnuss nach Belieben
100 ml Schlagsahne
200 g geräucherter Lachs

1. Kräuter und Sauerampfer waschen, verlesen und die Stängel entfernen. Die Zwiebel abziehen und vierteln.
2. Zwiebel in den Mixtopf geben und mit aufgesetztem Messbecher **5 Sekunden/Stufe 5** zerkleinern. Mit dem Spatel nach unten schieben, die Butter dazugeben und **4 Minuten/100 °C/Stufe 1,5** andünsten.
3. Kräuter, Sauerampfer und Brühe in den Topf geben und **10 Minuten/100 °C/Stufe 1** kochen lassen. Anschließend **20 Sekunden/Stufen 5–7** ansteigend nicht zu fein pürieren.
4. Mit Salz, Pfeffer und – nach Belieben – Muskatnuss abschmecken. Die Hälfte der Sahne **3 Sekunden/Stufe 4** einrühren.
5. Die Suppe auf 4 Teller verteilen, jeweils 1 Scheibe Lachs in die Mitte geben und mit der restlichen Sahne beträufelt servieren.

Champignoncreme

Für 4 Portionen • Pro Portion: 253 kcal, 7 g E, 24 g F, 3 g KH

2 Schalotten
1 Knoblauchzehe
500 g weiße Champignons
1 EL Ghee oder Butter
500 ml Geflügelbrühe
5 EL MCT- oder Olivenöl
2 Eier, Größe M
Salz, Pfeffer
1–2 EL Zitronensaft
2 Stängel Thymian oder kleinblättriges Basilikum

1. Die Schalotten abziehen und halbieren. Die Knoblauchzehe schälen. Die Champignons mit Küchenpapier säubern und wenn nötig die Stielchen abschneiden.
2. Schalotten und Knoblauch in den Mixtopf geben und mit aufgesetztem Messbecher **4 Sekunden/Stufe 5** zerkleinern. Mit dem Spatel nach unten schieben, Ghee dazugeben und **5 Minuten/100 °C/Stufe 1,5** andünsten.
3. 400 g Champignons mit der Geflügelbrühe in den Topf geben und **10 Minuten/100 °C/Stufe 1** weich kochen.
4. In der Zwischenzeit die restlichen Champignons in Scheiben schneiden. Mit 1 EL Öl in einer geräumigen beschichteten Pfanne goldgelb braten und beiseite stellen.
5. Die Suppe mit aufgesetztem Messbecher **25 Sekunden/Stufe 6** fein pürieren.
6. Die Eier in einer Schüssel mit Salz, Pfeffer und 1 EL Zitronensaft mit dem Schneebesen verquirlen. Nach und nach 2 Kellen heiße Suppe dazugeben und dabei immer weiter rühren (sonst gerinnen die Eier).
7. Eiergemisch zur Suppe geben, mit Salz, Pfeffer und Zitronensaft nach Belieben abschmecken und nochmals **5 Minuten/100 °C/Stufe 1,5** kochen. Thymian waschen, mit Küchenpapier trocken tupfen und die Blätter von den Stängeln zupfen.
8. Suppe auf 4 Teller verteilen und die gebratenen Champignons jeweils in die Mitte setzen. Mit je 1 EL Öl beträufeln und mit Thymian bestreut servieren.

Lauchsuppe mit Cajun-Shrimps

Für 2 Portionen • Pro Portion: 356 kcal, 33 g E, 22 g F, 5 g KH

1 Stange Lauch (ca. 200 g, geputzt gewogen)
3 EL Kokosöl oder MCT-Öl
400 ml Fischfond
1 Stängel Dill
250 g gekochte und geschälte Tiefsee-Shrimps
1 TL Cajun-Gewürz (Fertigprodukt oder Rezept Seite 144)
Salz, Pfeffer
etwas Zitronensaft nach Belieben

1. Den Lauch putzen, ab dem oberen Ende aufschlitzen, auffächern und gründlich waschen. Dann grob in Stücke schneiden.
2. 2 EL Öl mit dem Lauch in den Mixtopf geben und mit aufgesetztem Messbecher **5 Sekunden/Stufe 5** zerkleinern. Mit dem Spatel nach unten schieben und **4 Minuten/120 °C/Stufe 1,5** andünsten.
3. Mit Fond aufgießen und den Lauch in **15 Minuten/100 °C/Stufe 1** weich kochen.
4. In der Zwischenzeit den Dill waschen, mit Küchenpapier trocken tupfen, die Blätter vom Stängel zupfen und fein hacken.
5. Die Shrimps waschen, trocken tupfen, in eine Schüssel geben und mit dem Cajun-Gewürz vermischen.
6. Das restliche Öl in eine beschichtete Pfanne geben, erhitzen, die Shrimps darin scharf anbraten und beiseite stellen.
7. Die Lauchsuppe zugedeckt **30–40 Sekunden/Stufe 7** (je nachdem, wie cremig sie sein soll) pürieren. Mit Salz, Pfeffer und nach Belieben Zitronensaft abschmecken und den Dill **5 Sekunden/Stufe 4** unterrühren.
8. Suppe auf Teller verteilen und die Shrimps obenauf geben.

Tipp: Wenn Sie nur 1 Portion gleich essen, können Sie zum Mitnehmen oder für den nächsten Tag die Suppe mit Shrimps zugedeckt im Kühlschrank aufbewahren. Für Gäste machen Sie einfach die doppelte Menge.

Info: Cajun ist ein Gewürz, das ursprünglich aus den amerikanischen Südstaaten kommt, mittlerweile aber bei Grillfans als Rub auch bei uns sehr beliebt ist. Sie bekommen Cajun in gut sortierten Supermärkten, im Internet oder können es einfach im Thermomix® selbst herstellen – Rezept Seite 144.

Blumenkohlsuppe mit Kurkuma und Pesto

Für 4 Portionen • Pro Portion: 224 kcal, 6g E, 19g F, 5g KH

500g Blumenkohl
2 Schalotten
1 Knoblauchzehe
4 EL MCT-Öl
500 ml Gemüsebrühe
1 EL Zitronensaft
1 gehäufter TL Kurkuma
20g Pinienkerne
Salz, schwarzer Pfeffer aus der Mühle
4 TL grünes Pesto

1. Den Blumenkohl putzen. Dabei die grünen Blätter und den Strunk sorgfältig entfernen, beides kann einen bitteren Geschmack verursachen. Den Blumenkohl in Röschen teilen und waschen. Die Schalotten abziehen und halbieren. Den Knoblauch schälen.
2. Schalotten und Knoblauch mit 2 EL Öl in den Mixtopf geben und mit aufgesetztem Messbecher **5 Sekunden/Stufe 5** zerkleinern. Mit dem Spatel nach unten schieben und **4 Minuten /120 °C/Stufe 1,5** andünsten.
3. Blumenkohl dazugeben und **4 Sekunden/Stufe 4,5** zerkleinern. Die Brühe angießen, Zitronensaft und Kurkuma dazugeben und alles **16 Minuten/100 °C/Stufe 1** zugedeckt kochen. Anschließend **40 Sekunden/Stufe 7** pürieren (Messbecher nicht vergessen!).
4. In der Zwischenzeit die Pinienkerne in einer beschichteten Pfanne ohne Fett goldgelb rösten.
5. Die Suppe mit Salz und Pfeffer abschmecken und **10 Sekunden/Stufe 3** durchrühren.
6. Auf 4 tiefe Teller verteilen, je 1 TL Pesto daraufgeben, mit dem restlichen Olivenöl beträufeln und mit den Pinienkernen bestreuen.

Info: Kurkuma ist DAS Geheimrezept gegen entzündliche Prozesse im Körper. Die geplagte Leber, schmerzende Gelenke und entzündete Haut machen Freudensprünge, wenn man das gelbe Pulver in die Suppe rührt. 1 Prise schwarzer Pfeffer dazu begünstigt die Aufnahme von Kurkuma um ein Vielfaches.

Kalte Gurken-Avocado-Creme mit Garnelen

Für 4 Portionen • Pro Portion: 287kcal, 17g E, 22g F, 6g KH

½ reife Avocado
400g Garten- oder Snackgurken
1 Schalotte
½ Bio-Zitrone
400ml Gemüse-, Kalbs- oder Fischfond
2EL Avocadoöl oder MCT-Öl
100g Crème fraîche
Salz, Cayennepfeffer
1EL Kürbiskerne
250g gekochte Garnelen (aus dem Kühlregal)

1. Die Avocado längs halbieren, den Kern entfernen und das Fruchtfleisch mit einem Löffel herausschaben. Die Gurken putzen, schälen und grob zerschneiden. Die Schalotte abziehen und halbieren. Die Zitrone heiß waschen und 2TL Schale fein abraspeln. Die halbe Frucht auspressen.
2. Gurken und Schalotte in den Mixtopf geben und mit aufgesetztem Messbecher **5 Sekunden/Stufe 5** zerkleinern. Mit dem Spatel nach unten schieben und den Vorgang wiederholen.
3. Avocadofruchtfleisch, Fond, Zitronenschale, Avocadoöl und Crème fraîche dazugeben und **20 Sekunden/Stufe 4** cremig mixen. Mit Salz, Cayennepfeffer und Zitronensaft pikant abschmecken. Suppe in ein Gefäß umfüllen und 2–3 Stunden im Kühlschrank zugedeckt kalt stellen.
4. Vor dem Servieren die Kürbiskerne in einer beschichteten Pfanne ohne Fett rösten und hacken.
5. Die Suppe auf 4 Teller verteilen (eventuell mit etwas kaltem Wasser verdünnen oder mit 8 Eiswürfeln noch mal **20 Sekunden/Stufe 8** aufmixen), die Garnelen hineingeben und mit den Kürbiskernen bestreut servieren.

Info: Die kleinen Gartengurken oder die noch kleineren Snackgurken sind aromatischer als die ausgewachsenen Gurken. Zudem kommen sie meist aus regionalem Anbau.

Spargelcreme mit Kresse

Für 4 Portionen • Pro Portion: 142 kcal, 5g E, 12g F, 5g KH

30g Kokosöl
2 Schalotten
500g weißer Spargel (Bruch mit Köpfchen)
1 Kästchen Gartenkresse
200ml Geflügelbrühe
500ml ungesüßter Mandeldrink
Salz, Pfeffer
1–2EL Zitronensaft

1. Kokosöl in den Mixtopf geben und **30 Sekunden/100°C/Stufe 1** schmelzen. Die Schalotten abziehen und halbieren. Zum Öl geben und mit aufgesetztem Messbecher **5 Sekunden/Stufe 5** zerkleinern. Mit dem Spatel nach unten schieben und **4 Minuten/100°C/Stufe 1,5** andünsten.
2. Den Spargel waschen, schälen und bei Bedarf die holzigen Enden abschneiden. Spargel grob in Stücke schneiden. Die Köpfchen in den Varoma legen. Die Kresse waschen, gut abtropfen lassen und die Pflänzchen abschneiden.
3. Brühe und Spargelstücke in den Mixtopf geben und den Varoma mit den Spargelköpfchen aufsetzen. Das Ganze **20 Minuten/Varoma/Stufe 1** garen. Den Varoma abnehmen und beiseite stellen.
4. Den Mandeldrink zur Suppe geben und alles **45 Sekunden/Stufe 8** fein pürieren (Messbecher!). Mit Salz, Pfeffer und Zitronensaft abschmecken.
5. Suppe auf 4 Teller verteilen, die Spargelköpfchen jeweils in die Mitte setzen und mit der Kresse bestreut servieren.

Tipp: Die Kästchen mit frischer Kresse werden das ganze Jahr über aus Gewächshäusern im Supermarkt angeboten. Ab dem Frühjahr jedoch gibt es auch Freiland-Kresse oder Kresse von Ihrer Fensterbank. Die winzigen Pflänzchen sind ganz groß bei der Vitamin-Erzeugung und können auf feuchtem Wattevlies oder Küchenpapier keimen und wachsen. Das können Sie auch mit Rettich- oder Erbsensamen, Alfalfa und sogar Chiasamen machen. Alles ein knackiges Vitamin-Plus und fast kohlenhydratfrei!

Gemüse

Spinatauflauf

Für 4 Portionen • Pro Portion: 385 kcal, 16 g E, 22 g F, 4 g KH

120 g alter Gouda
125 g Crème fraîche
750 g frischer Spinat
1 Zwiebel
50 ml MCT- oder Kokosöl
Salz, Pfeffer
etwas frisch geriebene Muskatnuss

1. Backofen auf 180 °C Ober-/Unterhitze (Umluft 160 °C) vorheizen.
2. Gouda in Stücke schneiden, in den Mixtopf geben und **8 Sekunden/Stufe 8** reiben. In eine Schüssel umfüllen und mit der Crème fraîche verrühren. Beiseite stellen. Mixtopf nicht spülen.
3. Spinat waschen, gut abtropfen lassen, verlesen und im Varoma und Varoma-Einlegeboden verteilen.
4. Die Zwiebel abziehen und vierteln. Zusammen mit dem Öl in den Mixtopf geben und mit aufgesetztem Messbecher **5 Sekunden/Stufe 5** zerkleinern. Mit dem Spatel nach unten schieben und **4 Minuten/120 °C/Stufe 1,5** andünsten.
5. 50 ml Wasser dazugeben, Varoma mit dem Spinat aufsetzen und **12 Minuten/Varoma/Stufe 1** dämpfen.
6. Varoma abnehmen und den Spinat in den Mixtopf zum Zwiebel-Öl-Gemisch geben. **15 Sekunden/Stufe 3** vermischen und mit Salz, Pfeffer und Muskatnuss abschmecken. In eine ofenfeste Form (ca. 20 x 25 cm) füllen und mit der Käsemischung begießen.
7. Auflauf 15–20 Minuten im Ofen backen, bis die Käsekruste goldgelb ist. Gleich in der Form servieren.

Blumenkohl-Nuggets

Für 20 Stück • Pro Stück: 590 kcal, 3g E, 3g F, 3g KH

50g frische Kräuter
100g alter Gouda oder Bergkäse
1 Blumenkohl (ca. 750g vorbereitet gewogen)
4 Eier, Größe M
4EL MCT- oder Olivenöl
Salz, Pfeffer
30g Semmelbrösel

1. Die Kräuter waschen, mit Küchenpapier trocken tupfen und die Blätter von den Stängeln zupfen. Den Käse grob zerschneiden. Beides in den Mixtopf geben, Messbecher aufsetzen und **8 Sekunden/Stufe 8** zerkleinern. In eine geräumige Schüssel (der Blumenkohl soll später auch darin Platz haben) umfüllen.
2. Blumenkohl waschen, putzen und grob zerschneiden. In 2 Portionen in den Mixtopf geben, Messbecher aufsetzen und jeweils **4 Sekunden/Stufe 5** zerkleinern und in den Varoma füllen. 500ml Wasser in den Mixtopf gießen, Varoma aufsetzen und den Blumenkohl in **20 Minuten/Varoma/Rührstufe** weich dünsten. Etwas abkühlen lassen, in ein sauberes Tuch geben, kräftig ausdrücken und zum Käse-Kräuter-Gemisch in die Schüssel geben.
3. Backofen auf 200°C Ober-/Unterhitze (Umluft 180°C) vorheizen.
4. Eier und 3EL Öl zum Blumenkohlgemisch geben und alles gut vermischen. Mit Salz und Pfeffer abschmecken.
5. Ein Backblech mit dem restlichen Öl bepinseln. Die Brösel auf einem flachen Teller ausbreiten. Mit angefeuchteten Händen aus dem Blumenkohlgemisch 20 Nuggets formen, jeweils in den Bröseln wälzen und auf das Backblech legen.
6. Nuggets im Ofen 15 Minuten von jeder Seite goldgelb backen und heiß – zum Beispiel mit einem Salat – oder kalt als Snack zum Mitnehmen genießen.

Brokkoliauflauf

Für 4 Portionen • Pro Portion: 377 kcal, 20 g E, 30 g F, 5 g KH

100 g Bergkäse
1 Stange Lauch (ca. 150 g geputzt gewogen)
400 g Brokkoli
4 EL MCT- oder Olivenöl
6 Eier, Größe M
2 TL Backpulver
Salz, Pfeffer

1. Backofen auf 200 °C Ober-/Unterhitze (Umluft nicht geeignet) vorheizen.
2. Bergkäse in den Mixtopf geben, den Messbecher aufsetzen und **8 Sekunden/Stufe 8** zerkleinern. Dann in eine Schüssel umfüllen und beiseite stellen.
3. Den Lauch putzen, längs aufschlitzen, gründlich waschen und mit viel Grün grob in Stücke schneiden. Die Köpfchen vom Brokkoli abschneiden, waschen und in mundgerechte Stücke schneiden. Die Stiele putzen, schälen und grob zerschneiden.
4. Eine Auflaufform (etwa 20 x 30 cm) mit 1 EL Öl auspinseln, die Brokkoliköpfchen hineingeben und etwas festdrücken.
5. Den Lauch und die Brokkolistiele in den Mixtopf geben und mit aufgesetztem Messbecher **10 Sekunden/Stufe 5** zerkleinern. Mit dem Spatel nach unten schieben, das restliche Öl dazugeben und **4 Minuten/120 °C/Stufe 1** andünsten.
6. Die Eier in einer Schüssel mit Backpulver, Salz und Pfeffer verquirlen, in den Mixtopf gießen und **10 Sekunden/Stufe 3 linksdrehend** untermischen. Masse über den Brokkoli gießen, mit dem Käse bestreuen und 15–20 Minuten im Ofen backen, bis die Oberfläche goldgelb ist.

Tipp: Auch wenn Sie nicht für die ganze Familie kochen – machen Sie das Rezept ruhig für 4 Portionen. Der Auflauf kann im Kühlschrank 2–3 Tage aufbewahrt oder portionsweise eingefroren werden.

Auberginen-Moussaka

Für 4 Portionen • Pro Portion: 460 kcal, 20 g E, 39 g F, 5 g KH

100 g Parmesan oder Grana Padano
1 Zwiebel
4 EL Olivenöl
2 TL getrockneter Oregano
200 g Tomaten
200 ml Fleischbrühe
500 g Auberginen
Salz, Pfeffer
250 g Mozzarella

1. Den Parmesan in Stücke brechen, in den Mixtopf geben und mit aufgesetztem Messbecher **10 Sekunden/Stufe 8** reiben. In eine Schüssel umfüllen. Mixtopf nicht spülen.
2. Die Zwiebel abziehen und vierteln. Mit 3 EL Olivenöl in den Mixtopf geben und **5 Sekunden/Stufe 5** zerkleinern (Messbecher!). Mit dem Spatel nach unten schieben und **4 Minuten/120 °C/Stufe 1,5** andünsten. Mit Oregano würzen.
3. Die Tomaten waschen, vierteln, die Stielansätze herausschneiden und das Fruchtfleisch in den Mixtopf geben. Die Brühe angießen.
4. Die Auberginen waschen, putzen und quer in dünne Scheiben schneiden. Auf dem Einlegeboden des Varoma verteilen.
5. Den Backofen auf 180 °C Ober-/Unterhitze (Umluft 160 °C) vorheizen.
6. Den Varoma mit den Auberginen aufsetzen und das Ganze **15 Minuten/Varoma/Stufe 1,5** garen. Anschließend Varoma abnehmen und den Topfinhalt **10 Sekunden/Stufe 8** pürieren. Mit Salz und Pfeffer abschmecken.
7. Den Mozzarella abtropfen lassen und in dünne Scheiben schneiden. Eine Auflaufform (24 x 24 cm) mit dem restlichen Öl auspinseln und abwechselnd mit Auberginenscheiben, Mozzarella und Tomatensauce füllen.
8. Auflauf mit Parmesan bestreuen und im vorgeheizten Backofen 20 Minuten goldgelb backen.

Fleisch

Gerösteter Schweinebauch

Für 2 Portionen • Pro Portion: 393 kcal, 23 g E, 33 g F, 1 g KH

600 g frischer Schweinebauch
1 EL Kümmel
Salz, Pfeffer
1 EL getrockneter Majoran

1. Schweinebauch, wenn nötig, waschen und mit Küchenpapier trocken tupfen. Die Schwarte mit einem scharfen Messer rautenförmig einschneiden. Kümmel in den Rillen verteilen.
2. 250 ml Wasser in den Mixtopf füllen. Varoma mit feuchtem Backpapier auslegen – dabei darauf achten, dass noch einige Schlitze zur Dampfzirkulation frei bleiben. Schweinebauch mit der Schwarte nach oben in den Varoma legen, Varoma aufsetzen und Fleisch **40–60 Minuten/Varoma/Rührstufe** dämpfen.
3. Den Backofen gegen Ende der Dämpfzeit auf Grillstufe vorheizen.
4. Fleisch aus dem Varoma nehmen, etwas abkühlen lassen und in 4 dicke oder 8 dünnere Scheiben scheiden. Mit den Gewürzen einreiben und unter dem Grill von beiden Seiten knusprig rösten.

Tipp: Nach Belieben können Sie den Schweinebauch zum Grillen auch ganz lassen und mit der Schwarte nach oben auf der mittleren Schiene unter den Grill des Backofens schieben. Dazu passt eine Salatbeilage mit Keto-geeigneten Sorten: Gurken, Tomaten, grünem Salat, Radieschen oder Rettich – mit Oliven- oder Avocadoöl beträufelt.

Mini-Hackbraten

Für 4 Portionen • Pro Portion: 482 kcal, 34 g E, 40 g F, 3 g KH

1 Zwiebel
1–2 Knoblauchzehen
3 EL Avocadoöl
600 g gemischtes Hackfleisch
2 Eier, Größe M
1 TL getrockneter Majoran
Salz, Pfeffer
50 g Tomatenmark
2 EL Olivenöl
2 Stängel glatte Petersilie
weißer Balsamessig nach Belieben

1. Den Backofen auf 180 °C Ober-/Unterhitze (Umluft 160 °C) vorheizen.
2. Die Zwiebel abziehen und vierteln. Den Knoblauch schälen. Beides mit 1 EL Avocadoöl in den Mixtopf geben und mit aufgesetztem Messbecher **5 Sekunden/Stufe 5** zerkleinern. Mit dem Spatel nach unten schieben und **5 Minuten/120 °C/Stufe 1,5** andünsten.
3. Hackfleisch, Eier, Majoran, 1 EL Avocadoöl, Salz und Pfeffer in den Mixtopf geben und **2 Minuten/Knetstufe** gut vermischen.
4. Ein Backblech mit Backpapier auslegen. Aus dem Fleischteig mit feuchten Händen 4 längliche Laibchen formen und diese auf das Blech setzen. Mit dem restlichen Avocadoöl bestreichen und auf der mittleren Schiene im Ofen 40 Minuten goldbraun braten.
5. In der Zwischenzeit das Tomatenmark mit 150 ml Wasser und Olivenöl in den Mixtopf geben und **10 Minuten/100 °C/Stufe 2** aufkochen.
6. Petersilie waschen, mit Küchenkrepp trocken tupfen und grob hacken. Sauce mit Salz, Pfeffer und Essig nach Belieben abschmecken und auf den fertigen Laibchen verstreichen. Mit Petersilie bestreut servieren.

Tipp: Dem Hackfleisch können Sie nach Belieben auch Kapern oder 1 gehackte Chilischote für mehr Schärfe zufügen. Natürlich können Sie die Hackbraten auch kalt essen oder die doppelte Portion auf Vorrat zubereiten. Die kleinen Laibe eignen sich gut zum Mitnehmen und sind außerdem ein Hingucker auf Buffet und Picknickdecke.

Rinderschmorbraten

Für 4 Portionen • Pro Portion: 327 kcal, 40 g E, 17 g F, 4 g KH

1 große Zwiebel
1 Knoblauchzehe
25 g Ghee
2 Fleischtomaten
100 g Staudensellerie
100 g weiße Champignons
600 ml Gemüse- oder Fleischbrühe
5 Wacholderbeeren
2 Lorbeerblätter
1 TL Pfefferkörner
800 g Rinderbraten
Salz, Pfeffer
1 TL getrockneter Majoran
etwas Zitronensaft nach Belieben

1. Zwiebel abziehen und vierteln. Knoblauchzehe schälen. Beides in den Mixtopf geben und mit aufgesetztem Messbecher **5 Sekunden/Stufe 5** zerkleinern. Mit dem Spatel nach unten schieben, Ghee dazugeben und **4 Minuten/120 °C/Stufe 1,5** andünsten.
2. Die Tomaten waschen, vierteln und die Stielansätze entfernen. Den Sellerie waschen, eventuell dünn abschälen und grob zerschneiden. Die Champignons mit Küchenpapier säubern und halbieren. Gemüse in den Mixtopf füllen und **3 Sekunden/Stufe 5** zerkleinern. Dann die Gemüsebrühe angießen.
3. Wacholderbeeren auf der Arbeitsfläche zerdrücken. Zusammen mit den Lorbeerblättern und den Pfefferkörnern im Varoma verteilen. Den Braten rundherum mit Salz, Pfeffer und Majoran würzen und auf die Gewürze im Varoma legen.
4. Den Varoma aufsetzen und das Ganze **30 Minuten/Varoma/Rührstufe** schmoren. Den Braten wenden und weitere **30 Minuten/Varoma/Rührstufe** garen. Flüssigkeit im Mixtopf auf ca. 500 ml mit Wasser oder Brühe auffüllen und weitere **60 Minuten/Varoma/Rührstufe** schmoren.
5. Den Varoma abnehmen. Die Sauce **30 Sekunden/Stufe 8** pürieren und mit Salz, Pfeffer und nach Belieben Zitronensaft abschmecken.
6. Das Fleisch in Scheiben schneiden und mit der Sauce übergossen servieren.

Tipp: **Nach Belieben können Sie einen gemischten Salat mit reichlich gutem Öl dazu vorbereiten, während das Fleisch im Varoma schmort. Gut als Beilage eignet sich auch das Cloud Bread von Seite 50.**

Teriyaki-Rindfleisch

Für 2 Portionen • Pro Portion: 581 kcal, 47g E, 39g F, 4g KH

½ Knoblauchzehe
1 Stück Ingwer (etwa haselnussgroß)
3 EL MCT-Öl oder Olivenöl
100 ml Sojasauce (möglichst zuckerarm)
50 ml Sake nach Belieben
1 Msp. Chiliflocken
1–2 EL Birkenzucker nach Belieben
400 g Rumpsteak
2 EL Sesamsaat nach Belieben
2 EL Schnittlauch in Röllchen

1. Knoblauch und Ingwer schälen. Zusammen mit dem Öl in den Mixtopf geben und **7 Minuten/100 °C/Rührstufe** andünsten.
2. Sojasauce, Sake und Chiliflocken dazugeben und das Ganze 20–**30 Minuten/85 °C/Stufe 1,5** zur gewünschten Konsistenz einkochen lassen. Teriyaki-Sauce in eine Schüssel umfüllen und bei Bedarf mit Birkenzucker süßen. Mixtopf nicht spülen.
3. In der Zwischenzeit den Varoma-Einlegeboden mit feuchtem Backpapier so auslegen, dass die seitlichen Schlitze zur Dampfzirkulation frei bleiben. Die Rumpsteaks quer in 5 mm breite Streifen schneiden und auf das Papier legen. 400 ml Wasser in den Mixtopf gießen (die Saucenreste im Mixtopf sorgen für zusätzliches Aroma!), den Varoma aufsetzen und das Fleisch **45 Minuten/Varoma/Rührstufe** dämpfen.
4. Sesamsaat in einer beschichteten Pfanne ohne Fett rösten und beiseite stellen.
5. Varoma abnehmen, Mixtopf ausleeren und die beiseite gestellte Teriyaki-Sauce hineingeben. Fleisch und Sesamsaat dazugeben und **30 Sekunden/Stufe 1 linksdrehend** vermischen. Auf 2 Teller verteilen und mit Schnittlauch bestreut servieren.

Info: Teriyaki heißt auf Japanisch nichts anderes als glänzend und schmoren. Mirin, Sake und Sojasauce sind die Grundzutaten, die Sie in Asia-Geschäften oder gut sortierten Supermärkten bekommen. Wir haben Mirin in unserem Rezept weggelassen, da es viel Zucker enthalten kann. Wenn Sie eventuell Hon Mirin bekommen, könnte es sein, dass da weniger Zucker verarbeitet ist. Sake hat pro 100 g circa 4,5 g KH aus Alkohol, der aber größtenteils verkocht. Sojasauce gibt es mit wenig oder ohne Zucker.

Tipp: Bereiten Sie gleich größere Mengen dieser kohlenhydratarmen Teriyaki-Sauce zu – sie hält sich in einem gut verschließbaren Glas 10–14 Tage im Kühlschrank und passt auch zu jedem anderen Fleisch.

Rinderragout

Für 4 Portionen • Pro Portion: 359 kcal, 41 g E, 21 g F, 2 g KH

800 g Gulaschfleisch vom Rind
Salz, Pfeffer
1–2 TL Kümmel
1 EL getrockneter Majoran
1 Zwiebel
1 Knoblauchzehe
3 EL MCT- oder Olivenöl
500 ml Fleischbrühe
2 Lorbeerblätter
200 g Möhren nach Belieben (+ 4 g KH pro Portion)
2 Stängel glatte Petersilie

1. Das Fleisch in einer Schüssel gut mit Salz, Pfeffer, Kümmel und Majoran vermischen und beiseite stellen.
2. Zwiebel abziehen und vierteln. Knoblauch schälen. Beides mit dem Öl in den Mixtopf geben und mit aufgesetztem Messbecher **5 Sekunden/Stufe 5** zerkleinern. Mit dem Spatel nach unten schieben und **4 Minuten/120 °C/Stufe 1,5** andünsten.
3. Fleisch, Brühe und Lorbeerblätter in den Topf geben und zugedeckt **30 Minuten/90 °C/Stufe 1,5 linksdrehend** garen. (60 Minuten, wenn Sie keine Möhren verwenden.)
4. Nach Belieben die Möhren putzen, waschen und in mundgerechte Stücke schneiden. Bei Bedarf etwas Flüssigkeit im Mixtopf auffüllen, das Gemüse dazugeben und weitere **30 Minuten/90 °C/Stufe 1,5 linksdrehend** garen.
5. Petersilie waschen, mit Küchenpapier trocken tupfen und die Blätter von den Stängeln zupfen.
6. Das Ragout mit Salz und Pfeffer abschmecken, Lorbeerblätter entfernen. Ragout auf 4 Teller verteilen und mit Petersilie bestreut servieren.

Curry-Hähnchen

Für 4 Portionen • Pro Portion: 587 kcal, 23 g E, 53 g F, 5 g KH

500 g Hähnchenschenkel mit Haut
Salz, Pfeffer
200 g Chinakohl
4 Lauchzwiebeln
1 Stück frischer Ingwer (etwa walnussgroß)
3 EL MCT- oder Kokosöl
2 EL Currypaste, Madras-Currypulver (scharf) oder Garam Masala (mild)
400 ml cremige Kokosmilch
200 ml Geflügelbrühe
1 TL gemahlener Koriander
Saft von ½ Limette

1. Die Hähnchenschenkel entbeinen, das Fleisch in mundgerechte Stücke schneiden und mit Salz und Pfeffer einreiben. Im Varoma und Varoma-Einlegeboden verteilen.
2. Chinakohl waschen, putzen und grob hacken. Lauchzwiebeln putzen, waschen und mit viel Grün grob zerschneiden. Ingwer schälen und in Scheiben schneiden. Alles in den Mixtopf geben und mit aufgesetztem Messbecher **5 Sekunden/Stufe 5** zerkleinern. Mit dem Spatel nach unten schieben und den Vorgang wiederholen.
3. Öl und Currypaste dazugeben und **5 Minuten/120 °C/Stufe 1,5** andünsten. Mit Kokosmilch und Geflügelbrühe aufgießen und mit Koriander würzen.
4. Den Varoma aufsetzen und das Ganze **20 Minuten/Varoma/Stufe 1,5** garen.
5. Die Hühnerteile in die Currysauce geben, mit Salz, Pfeffer und Limettensaft abschmecken und alles zusammen noch **5–10 Minuten/80 °C/Stufe 1,5 linksdrehend** durchziehen lassen.

Tipp: Etwa 200 g gesalzener griechischer Joghurt (10 % Fett) passen gut dazu und kühlen, sollte das Gericht zu scharf geworden sein.

Fleischbällchen mit Sauce

Für 4 Portionen • Pro Portion (3 Stück): 406 kcal, 15g E, 27g F, 5g KH

50g ungeschälte, ganze Mandeln
1 Zwiebel
1–2 Knoblauchzehen
50g getrocknete Tomaten ohne Öl
600g Rinderhackfleisch
100g gewürfelter Schinkenspeck (»Nuggets«)
3 Eier, Größe M
Salz, Pfeffer
200ml passierte Tomaten
1 EL Paprikapulver (rosenscharf oder edelsüß)

1. Mandeln in den Mixtopf geben und mit aufgesetztem Messbecher **7 Sekunden/Stufe 8** mahlen. Zwiebel abziehen und vierteln, Knoblauch schälen. Getrocknete Tomaten grob zerschneiden. Alles zu den Mandeln geben und (Messbecher!) **6 Sekunden/Stufe 5** zerkleinern.
2. Hackfleisch, Schinkenspeck und Eier dazugeben und **20 Sekunden/Stufe 3 linksdrehend** vermischen. In eine Schüssel umfüllen und mit Salz und Pfeffer würzen.
3. Varoma-Einlegeboden mit feuchtem Backpapier auslegen, dabei die seitlichen Schlitze zur Dampfzirkulation frei lassen. Aus der Fleischmasse mit feuchten Händen 12 Bällchen formen und diese auf den Einlegeboden geben.
4. Passierte Tomaten mit 200ml Wasser und Paprikapulver in den Mixtopf füllen, Varoma aufsetzen und das Ganze **30 Minuten/Varoma/Stufe 1,5** garen. Zwischendurch eventuell etwas Wasser in den Mixtopf nachfüllen.
5. Fleischbällchen in eine Schüssel oder auf 4 tiefe Teller verteilen, die Tomatensauce mit Salz und Pfeffer abschmecken und darübergießen.

Tipp: Die Bällchen können Sie gut auf Vorrat zubereiten. 1 Bällchen für zwischendurch hat etwa 1,5g KH.

Gefüllte Champignons

Für 4 Portionen • Pro Portion (3 Stück): 638 kcal, 42 g E, 56 g F, 2 g KH

125 g alter Gouda
1 Knoblauchzehe
12 große weiße oder braune Champignons
1 Stängel glatte oder krause Petersilie
1 TL Rosmarinnadeln
600 g Rinderhackfleisch
Salz, Pfeffer
5 EL MCT-Öl
2 EL Zitronensaft

1. Den Backofen auf 180 °C Ober-/Unterhitze (Umluft 160 °C) vorheizen.
2. Den Käse grob zerschneiden, in den Mixtopf geben und mit aufgesetztem Messbecher **8 Sekunden/Stufe 8** reiben. In eine Schüssel umfüllen und beiseite stellen. Mixtopf nicht spülen.
3. Knoblauch schälen. Die Stiele aus den Champignons herausdrehen. Pilzköpfe mit Küchenpapier abreiben. Petersilie waschen, mit Küchenpapier trocken tupfen und die Blätter vom Stängel zupfen.
4. Knoblauch, Champignonstiele, Petersilie und Rosmarin in den Mixtopf geben und mit aufgesetztem Messbecher **5 Sekunden/Stufe 7** zerkleinern. Mit dem Spatel nach unten schieben und den Vorgang wiederholen.
5. Das Hackfleisch, Käse, Salz, Pfeffer und 3 EL Öl dazugeben und **45 Sekunden/Knetstufe** vermischen. Die Mischung in die Pilze füllen und diese auf ein mit Backpapier ausgelegtes Blech setzen.
6. Pilze 20 Minuten im Ofen backen, bis die Oberfläche leicht gebräunt ist. Nach Belieben noch kurz den Grill zuschalten. Mit dem restlichen Öl und Zitronensaft beträufeln und heiß oder lauwarm servieren.

Kräuterfleischbällchen

Für 4 Portionen • Pro Portion (3 Stück): 536 kcal, 28 g E, 46 g F, 2 g KH

10 Stängel Petersilie
50 g gemischte Kräuter nach Saison (oder 1 Pck. TK-Kräutermischung)
4 Lauchzwiebeln
50 ml Avocado- oder Olivenöl
1 große Zwiebel
2 EL Kokosöl
600 g gemischtes Hackfleisch
1 TL Salz
Pfeffer

1. Den Backofen auf 180 °C Ober-/Unterhitze (Umluft 160 °C) vorheizen.
2. Die Petersilie und die gemischten frischen Kräuter waschen, mit Küchenpapier trocken tupfen und die Blätter von den Stängeln zupfen. Die Lauchzwiebeln putzen, waschen und mit viel Grün grob zerschneiden.
3. Die Hälfte der Petersilie sowie die Lauchzwiebeln und gemischten Kräuter mit dem Avocadoöl in den Mixtopf geben und mit aufgesetztem Messbecher **10 Sekunden/Stufe 6** zerkleinern. In eine Schüssel umfüllen und beiseite stellen. Den Mixtopf nicht reinigen.
4. Die Zwiebel abziehen und vierteln. Zusammen mit den restlichen Petersilienblättern und dem Kokosöl in den Mixtopf geben und **5 Sekunden/Stufe 5** zerkleinern (Messbecher!). Mit dem Spatel nach unten schieben **und 4 Minuten/120 °C/Stufe 1,5** andünsten.
5. Das Hackfleisch mit Salz und Pfeffer dazugeben und **20 Sekunden/Stufe 3,5 linksdrehend** zu einer glatten Masse verrühren. Mit feuchten Händen aus dem Fleischteig 12 Bällchen formen und diese auf ein mit Backpapier ausgelegtes Backblech setzen.
6. Bällchen im Backofen in 20–25 Minuten goldbraun backen – dabei öfter rütteln, sodass die Bällchen von allen Seiten gebräunt werden.
7. Zum Servieren Fleischbällchen in eine Schüssel geben, mit etwas Kräutersauce beträufeln und die restliche Sauce getrennt dazu reichen.

Tipp: Die Kräuterfleischbällchen können gut eingefroren werden und sind zum Mitnehmen wunderbar geeignet.

Hackfleisch-Mangold-Päckchen

Für 4 Portionen • Pro Portion: 334 kcal, 15 g E, 30 g F, 5 g KH

1 Staude Mangold
1 Zwiebel
1 rote Peperonischote nach Belieben
5 Stängel glatte Petersilie
4 EL Sesamöl
200 g Rinderhackfleisch
1 EL orientalische Gewürzmischung (z. B. Ras el Hanout)
Salz, Pfeffer
2 EL Sesamsaat
½ Zitrone in Spalten

1. Mangold in Blätter teilen und gründlich waschen. Von 8 äußeren großen Blättern die Mittelrippe entfernen. Diese Blätter im Varoma und Varoma-Einlegeboden verteilen. Die Mangoldrippen und die restlichen Mangoldblätter grob zerschneiden.
2. 500 ml Wasser in den Mixtopf gießen, den Varoma aufsetzen und die Mangoldblätter **20 Minuten/Varoma/Rührstufe** dämpfen.
3. In der Zwischenzeit die Zwiebel abziehen und vierteln. Die Peperonischote waschen, längs aufschlitzen, Kerne und Trennhäutchen entfernen und die Schote grob zerschneiden. Petersilie waschen, mit Küchenpapier trocken tupfen und die Blätter von den Stängeln zupfen.
4. Den Varoma abnehmen und beiseite stellen. Mixtopf ausleeren und abtrocknen. Mangoldrippen und -blätter in den Mixtopf geben und mithilfe des Spatels **2 x 5 Sekunden/Stufe 5** zerkleinern. In eine Schüssel umfüllen. Mixtopf nicht säubern.
5. Zwiebel, Peperonischote und Petersilie mit dem Öl in den Mixtopf geben und mit aufgesetztem Messbecher **5 Sekunden/Stufe 5** zerkleinern. Mit dem Spatel nach unten schieben und **3 Minuten/120 °C/Stufe 1,5** andünsten. Das Hackfleisch mit den Händen zerpflücken, dazugeben und alles weitere **3 Minuten/120 °C/Stufe 1,5 linksdrehend** dünsten.
6. Den zerkleinerten Mangold und die Gewürze dazugeben und **5 Sekunden/Stufe 4 linksdrehend** unterrühren. Dann weitere **5 Minuten/100 °C/Stufe 2** dünsten.
7. Die großen Mangoldblätter nebeneinander auf der Arbeitsfläche ausbreiten, jeweils 1 kleine Kelle der Füllung an den unteren Rand setzen, die Ränder seitlich einschlagen und die Blätter aufrollen. Mit Zahnstochern fixieren.
8. 500 ml Wasser in den Mixtopf geben, Mangoldpäckchen im Varoma und Varoma-Einlegeboden verteilen, den Varoma aufsetzen und das Ganze **15 Minuten/Varoma/Rührstufe** garen.
9. In der Zwischenzeit die Sesamsaat in einer beschichteten Pfanne ohne Fett goldgelb rösten.
10. Jeweils 2 Päckchen auf 1 Teller setzen, mit Sesam bestreuen und mit Zitronenspalten garniert servieren.

Tipp: Gut schmeckt dazu eine Joghurtsauce aus 50 g griechischem Joghurt pro Portion – gewürzt mit Salz, Knoblauch und Zitronenpfeffer.

Thai-Curry mit Schweinefleisch

Für 4 Portionen • Pro Portion: 501 kcal, 39 g E, 36 g F, 4 g KH

1 TL Koriandersamen
½ TL Kreuzkümmel
½ TL schwarze Pfefferkörner
½ getrocknete Chilischote
2 Schalotten
2 Knoblauchzehen
3 EL Kokos- oder Sesamöl
200 ml cremige Kokosmilch
300 ml Fleisch- oder Gemüsebrühe
150 g Auberginen
600 g Schweinefleisch (z. B. aus der Schulter)
10 Stängel Schnittlauch
Salz, Pfeffer

1. Koriandersamen, Kreuzkümmel, Pfefferkörner und Chilischote in den Mixtopf geben und mit aufgesetztem Messbecher **30 Sekunden/Stufe 10** mahlen.
2. Schalotten abziehen und halbieren. Knoblauchzehen schälen. Beides mit dem Kokosöl in den Mixtopf zu den Gewürzen geben und **5 Sekunden/Stufe 5** zerkleinern. Mit dem Spatel nach unten schieben und **4 Minuten/120 °C/Stufe 1,5** andünsten. Mit Kokosmilch und Brühe ablöschen.
3. Die Auberginen waschen, putzen und in etwa 1 cm große Würfel schneiden. Das Fleisch in mundgerechte Stücke schneiden. Beides in den Topf geben und das Ganze **12 Minuten/100 °C/Stufe 2** kochen lassen. Anschließend bei milder Hitze **35 Minuten/85 °C/Stufe 1,5** köcheln lassen.
4. In der Zwischenzeit den Schnittlauch waschen, trocken schütteln und grob zerschneiden.
5. Das Gericht mit Salz und Pfeffer abschmecken, auf 4 Teller verteilen und mit Schnittlauch bestreut servieren.

Tipp: Original thailändisch wird das Gericht, wenn Sie im Asialaden auch noch 2 Kaffirlimettenblätter und 1 Stück Galgant (etwa walnussgroß) auftreiben können. Beides kommt gleich zu Anfang zur Gewürzmischung.
Erbsenauberginen statt Aubergine und thailändischer Schnittlauch statt des einheimischen machen das Curry dann ganz exotisch.

Scharfe Hähnchenbrust

Für 4 Portionen • Pro Portion: 489 kcal, 54 g E, 26 g F, 5 g KH

80 g Parmesan
1 Schalotte
1–2 Knoblauchzehen
1 rote Peperonischote
75 ml Olivenöl
4 Hähnchenbrustfilets (à ca. 200 g), möglichst mit Haut
Salz, Pfeffer
400 g gehackte Tomaten (aus der Dose)
1–2 EL Zitronensaft

1. Parmesan in Stücke brechen, in den Mixtopf geben und mit aufgesetztem Messbecher **8 Sekunden/Stufe 10** zerkleinern. In eine Schüssel umfüllen.
2. Schalotte abziehen und halbieren. Knoblauchzehe schälen. Peperonischote waschen, längs aufschlitzen, die Kerne und Trennhäutchen entfernen und das Fruchtfleisch grob zerschneiden. (Wer gerne sehr scharf isst, kann die Trennhäutchen dranlassen, dort sitzt die meiste Schärfe.)
3. Zwiebel, Knoblauch und Peperoni mit 2 EL Olivenöl in den Mixtopf geben und mit aufgesetztem Messbecher **5 Sekunden/Stufe 5** zerkleinern. Mit dem Spatel nach unten schieben und **4 Minuten/120 °C/Stufe 1,5** andünsten.
4. In der Zwischenzeit die Hähnchenbrustfilets von Sehnen befreien, 3–4 Mal schräg etwa 1 cm tief mit einem scharfen Messer einschneiden und kräftig salzen und pfeffern. Auf den mit feuchtem Backpapier ausgelegten Einlegeboden des Varoma geben. (Darauf achten, dass die seitlichen Schlitze zur Dampfzirkulation frei bleiben.)
5. Die gehackten Tomaten mit 50 ml Wasser in den Mixtopf füllen, den Varoma aufsetzen und das Ganze **20 Minuten/Varoma/Stufe 1,5 linksdrehend** garen.
6. Den Backofen auf 220 °C Ober-/Unterhitze (Umluft 200 °C) vorheizen. Eine Auflaufform mit 1 EL Öl auspinseln.
7. Den Varoma abnehmen und die Hähnchenbrustfilets in die Auflaufform setzen. Die Sauce mit Salz, Pfeffer und Zitronensaft pikant abschmecken und den Parmesan mit dem Spatel einrühren. Sauce über das Geflügel geben und mit dem restlichen Olivenöl begießen.
8. Fleisch im Backofen auf der mittleren Schiene 12–15 Minuten backen und gleich heiß in der Form servieren.

Tipp: Wenn etwas übrig bleibt, können Sie den Rest mit ein paar halbierten Strauchtomaten und 1 Spritzer Essig oder Zitronensaft kalt essen. Das Gericht lässt sich auch gut einfrieren.

Fisch

Gedünsteter Lachs mit Salatpesto

Für 4 Portionen • Pro Portion: 692 kcal, 47g E, 56g F, 1g KH

30g gehackte Mandeln
60g Parmesan
150g gemischte Salatblätter (z.B. Kopfsalat, Rucola, Babyspinat)
10 Blätter frisches Basilikum
100ml Olivenöl
1–2EL Zitronensaft
Salz, Pfeffer (nach Belieben Cayennepfeffer)
4 Lachsfilets (à ca. 200g)

1. Die Mandeln in einer beschichteten Pfanne ohne Fett leicht rösten. Parmesan in Stücke brechen. Beides in den Mixtopf geben.
2. Salat und Basilikum waschen und verlesen. Mit Olivenöl und 1 EL Zitronensaft in den Mixtopf geben und alles mit aufgesetztem Messbecher **10–15 Sekunden/Stufe 10** pürieren. Pesto in eine Schüssel umfüllen und mit Salz, Pfeffer und nach Belieben noch etwas mehr Zitronensaft abschmecken. Mixtopf nicht spülen und 500ml Wasser einfüllen. (Die Pestoreste geben beim Dampfgaren ein schönes Aroma.)
3. Den Einlegeboden des Varoma mit feuchtem Backpapier auslegen – dabei darauf achten, dass die seitlichen Schlitze zur Dampfzirkulation frei bleiben. Die Lachsfilets mit Küchenpapier trocken tupfen, salzen und pfeffern und auf das Backpapier geben. Varoma aufsetzen und Lachs **20 Minuten/Varoma/Rührstufe** dämpfen.
4. Lachs auf 4 Tellern anrichten und mit dem Pesto bestreichen.

Pochierter Lachs mit Dillsauce

Für 2 Portionen • Pro Portion: 754 kcal, 41 g E, 63 g F, 5 g KH

2 Lachsfilets ohne Haut (à ca. 200 g)
½ Bio-Zitrone
3 Stängel frischer Dill
Salz, Pfeffer
1 Schalotte
150 ml Crème fraîche
2 EL Avocadoöl

1. Die Lachsfilets mit Küchenpapier trocken tupfen. Zitrone heiß waschen, 1 TL Zitronenschale abreiben und die halbe Frucht auspressen. Den Dill waschen und mit Küchenpapier trocken tupfen.
2. Den Einlegeboden mit feuchtem Backpapier so auslegen, dass die seitlichen Schlitze zur Dampfzirkulation frei bleiben. 2 Stängel Dill auf dem Papier auslegen und den Lachs daraufgeben. Mit 1 EL Zitronensaft beträufeln und mit Zitronenschale, Salz und Pfeffer würzen.
3. 250 ml Wasser in den Mixtopf füllen, Varoma aufsetzen und Fisch **18 Minuten/Varoma** garen.
4. Varoma abnehmen und beiseite stellen. Den Mixtopf ausleeren und abtrocknen. Dillblättchen vom restlichen Stängel zupfen. Die Schalotte abziehen und halbieren. Beides in den Mixtopf geben und **5 Sekunden/Stufe 5** mit aufgesetztem Messbecher zerkleinern. Mit dem Spatel nach unten schieben und den Vorgang wiederholen.
5. Die Crème fraîche und das Avocadoöl dazugeben und **3 Minuten/50 °C/Stufe 1,5** erwärmen. Mit Salz, Pfeffer und dem restlichen Zitronensaft abschmecken.
6. Lachs auf 2 Tellern anrichten und mit der Sauce begießen.

Tipp: Sie können die Sauce auch noch mit 200 g Salatgurke verfeinern. Dafür das Gurkenstück schälen, längs halbieren, die Kerne mit einem Löffel herausschaben, das Fruchtfleisch grob zerschneiden und zusammen mit Dill und Schalotte verarbeiten.

Safranfisch

Für 4 Portionen • Pro Portion: 491 kcal, 201g E, 43g F, 5g KH

3 Lauchzwiebeln
2 EL MCT- oder Avocadoöl
200 ml Geflügel- oder Fischfond
1 Döschen Safran
½ TL Kurkuma
400 ml cremige Kokosmilch
500 g Heilbuttfilet
2 EL Zitronensaft
Salz, Pfeffer
200 g Fleischtomaten

1. Die Lauchzwiebeln putzen und waschen. Etwas vom grünen Teil in Ringe schneiden und zum Garnieren beiseite stellen.
2. Die restlichen Lauchzwiebeln grob zerschneiden und zusammen mit dem Öl in den Mixtopf geben. Mit aufgesetztem Messbecher **5 Sekunden/Stufe 5** zerkleinern, mit dem Spatel nach unten schieben und **4 Minuten/120 °C/Stufe 1,5** andünsten. Mit Fond ablöschen und Safran, Kurkuma und Kokosmilch dazugeben.
3. Den Einlegeboden des Varoma mit feuchtem Backpapier auslegen – dabei darauf achten, dass die seitlichen Schlitze zur Dampfzirkulation frei bleiben. Den Fisch in mundgerechte Stücke schneiden und im Varoma-Einlegeboden verteilen. Mit Zitronensaft beträufeln und mit Salz und Pfeffer würzen.
4. Varoma aufsetzen und das Ganze **15 Minuten/Varoma/Stufe 1** garen.
5. In der Zwischenzeit die Tomaten waschen, halbieren und die Stielansätze und Kerne entfernen. Das Fruchtfleisch in Streifen schneiden.
6. Varoma abnehmen und den Fisch und die Tomatenstreifen in die Sauce geben. **2 Minuten/100 °C/Stufe 1,5 linksdrehend** vermischen und mit Salz und Pfeffer abschmecken. Auf 4 Teller verteilen und mit den Lauchzwiebelringen bestreut servieren.

Seehechtfilet mit Lauch und Pistazien

Für 2 Portionen • Pro Portion: 311 kcal, 35 g E, 17 g F, 5 g KH

30 g geschälte Pistazien
400 g Seehechtfilet
1 EL Zitronensaft
Salz, Pfeffer
2 frische Salbeiblätter
1 Stange Lauch
70 g Butter

1. Die Pistazien in den Mixtopf geben und mit aufgesetztem Messbecher **6 Sekunden/Stufe 7** zerkleinern. In eine Schüssel umfüllen und beiseite stellen.
2. Den Einlegeboden des Varoma mit befeuchtetem Backpapier belegen. (So zuschneiden, dass die seitlichen Schlitze zur Dampfzirkulation frei bleiben.)
3. Den Seehecht waschen, mit Küchenpapier trocken tupfen und portionieren. Auf den Einlegeboden geben, mit Zitronensaft beträufeln, salzen und pfeffern und mit den gewaschenen Salbeiblättern belegen.
4. Den Lauch putzen, längs aufschlitzen, am oberen Ende auffächern und gründlich waschen. In Ringe schneiden und in das Garkörbchen geben.
5. 500 ml Wasser mit 1 Prise Salz in den Mixtopf füllen, Garkörbchen einhängen und Varoma aufsetzen. Das Ganze **20 Minuten/Varoma/Rührstufe** dämpfen.
6. Varoma abnehmen und beiseite stellen. Butter in einer beschichteten Pfanne schmelzen und den Lauch darin schwenken.
7. Die Fischfilets auf 2 Teller geben, den Lauch daneben anrichten und mit Pistazien bestreut servieren.

Tipp: Gut funktioniert das Rezept zur Abwechslung auch mit Kabeljau oder Schellfisch.

Seelachs mit Kräutereiern

Für 4 Portionen • Pro Portion: 532kcal, 59g E, 32g F, 3g KH

1 kg Seelachsfilet
Salz, Pfeffer
2–3 EL Zitronensaft
1 Bund Lauchzwiebeln
6 Stängel glatte Petersilie oder andere Kräuter (z. B. Salbei, Basilikum oder Thymian)
125 g weiche Butter
4 hart gekochte Eier, Größe M

1. Die Seelachsfilets waschen, mit Küchenpapier trocken tupfen und jeweils in 4 Teile schneiden. Salzen, pfeffern und mit 1 EL Zitronensaft beträufeln. Etwas ziehen lassen.
2. 1 Stück Backpapier in der Größe des Varoma-Einlegebodens zurechtschneiden, anfeuchten und den Einlegeboden damit auskleiden. Dabei darauf achten, dass die seitlichen Schlitze zur Dampfzirkulation frei bleiben. Den Fisch auf dem Einlegeboden verteilen.
3. 500 ml Wasser in den Mixtopf füllen, Varoma mit dem Seelachs aufsetzen und **20 Minuten/Varoma/Rührstufe** garen.
4. In der Zwischenzeit die Lauchzwiebeln putzen, waschen und mit viel Grün grob zerschneiden. Die Kräuter waschen, trocken schütteln und die Blätter von den Stängeln zupfen.
5. Den Varoma abnehmen und beiseite stellen. Mixtopf ausleeren und abtrocknen.
6. Lauchzwiebeln, Kräuter und Butter in den Mixtopf geben und mit aufgesetztem Messbecher **5 Sekunden/Stufe 5** zerkleinern. Mit dem Spatel nach unten schieben und **4 Minuten/100 °C/Stufe 1,5** dünsten.
7. Die Eier schälen und grob zerschneiden. In den Mixtopf zu den gedünsteten Zwiebeln und Kräutern geben und **2 Sekunden/Stufe 4** zerkleinern. Mit Salz, Pfeffer und dem restlichen Zitronensaft abschmecken.
8. Die Fischfilets auf 4 Tellern anrichten und die Eier-Sauce darauf verteilen.

Tipp: Sie können den Seelachs auch vorbereiten und im Kühlschrank durchziehen lassen. Das Gericht schmeckt kalt ebenfalls sehr gut.

Kabeljau-Stew

Für 2 Portionen • Pro Portion: 404 kcal, 43 g E, 22 g F, 5 g KH

1 kleine Zwiebel
1 Knoblauchzehe
100 g rote Paprikaschote
1 Peperonischote nach Belieben
3 EL MCT- oder Olivenöl
1 EL Paprikapulver (edelsüß oder rosenscharf)
250 ml Fisch- oder Kalbsfond
1 Bio-Zitrone oder -Limette
100 g Kirschtomaten
400 g Kabeljaufilet (ersatzweise Steinbeißer- oder Zanderfilet)
4 Garnelen
Salz, Pfeffer
1 EL Schnittlauch in Röllchen

1. Die Zwiebel abziehen und vierteln. Knoblauchzehe schälen. Paprikaschote (und Peperonischote nach Belieben) waschen, putzen und grob zerschneiden.
2. Zwiebel und Knoblauch mit dem Öl in den Mixtopf geben und mit aufgesetztem Messbecher **5 Sekunden/Stufe 5** zerkleinern. Mit dem Spatel nach unten schieben und **4 Minuten/120 °C/Stufe 1,5** andünsten.
3. Die Paprika- und evtl. Peperonistücke dazugeben, **3 Sekunden/Stufe 5** zerkleinern und **3 Minuten/120 °C/Stufe 1,5** andünsten.
4. Paprikapulver und Fond angießen. Die Limette waschen, 1 gestrichenen EL Schale abraspeln und die Frucht auspressen. Die Kirschtomaten waschen und vierteln.
5. Den Varoma-Einlegeboden mit feuchtem Backpapier auslegen (darauf achten, dass die seitlichen Schlitze zur Dampfzirkulation frei bleiben). Den Fisch mit Küchenpapier trocken tupfen und in mundgerechte Stücke schneiden. Fisch und Garnelen auf das Backpapier legen, mit der Hälfte des Limettensafts beträufeln und mit Salz und Pfeffer würzen.
6. Die Tomaten in den Mixtopf geben, Varoma aufsetzen und das Ganze **20 Minuten/Varoma/Rührstufe linksdrehend** garen. Anschließend Varoma abnehmen und beiseite stellen.
7. Sauce mit Salz, Pfeffer und dem restlichen Limettensaft abschmecken. Kabeljau und Garnelen dazugeben und das Ganze **3 Minuten/80 °C/Stufe 1 linksdrehend** durchziehen lassen.
8. Kabeljau-Stew auf 2 Teller verteilen und mit Schnittlauch bestreut servieren.

Süßes

Panna cotta

Für 4 Portionen • Pro Portion: 367 kcal, 4 g E, 38 g F, 4 g KH

3 Blätter weiße Gelatine
500 ml Schlagsahne
1 Vanilleschote
Zuckerersatzstoff nach Belieben

1. Die Gelatine in einer Schüssel mit kaltem Wasser einweichen.
2. Schlagsahne in den Mixtopf gießen. Vanilleschote längs halbieren und das Mark mit einem Messer herauskratzen. Schote und Mark zur Sahne geben.
3. Sahne **12 Minuten/100 °C/Stufe 1,5** aufkochen lassen. Gelatine gut ausdrücken, 100 ml heiße Sahne in eine Schüssel geben und die ausgedrückte Gelatine darin auflösen. Die Mischung wieder in den Mixtopf gießen und – eventuell mit Zuckerersatz – mit aufgesetztem Messbecher **20 Sekunden/Stufe 3** gut verrühren. Vanilleschote entfernen.
4. Sahne in 4 Gläser oder Puddingförmchen füllen, abkühlen lassen und anschließend mindestens 3 Stunden im Kühlschrank gelieren lassen.

Info: Der italienische Klassiker ist ein ideales Dessert für Ketoianer! Vergessen Sie die mehr oder weniger untauglichen Versuche, Sahne durch fettarmen Joghurt oder Buttermilch zu ersetzen – die fettreduzierte Variante hat nie wirklich geschmeckt.

Tipp: Nicht nur die klassischen Beerensaucen sind ein Genuss zur gekochten Sahne. Sie schmeckt auch gut mit Kakaopulver, Espresso, gemahlenem Mohn oder Pinienkernen.

Schokoeis

Für 4 Portionen • Pro Portion: 298 kcal, 10 g E, 26 g F, 4 g KH

1 Vanilleschote
1 Prise Salz
250 ml Schlagsahne
3 Eier, Größe M
60 g schwach entöltes Kakaopulver
50–75 g Zuckerersatz nach Belieben

1. Die Vanilleschote längs aufschlitzen und das Mark herauskratzen.
2. Vanillemark und -schote zusammen mit den anderen Zutaten in den Mixtopf geben, Schmetterling einsetzen und **1 Minute/Stufe 2** rühren. Vanilleschote entfernen.
3. Dann mit Schmetterling **10 Minuten/37 °C/Stufe 3** aufschlagen. Masse in ein flaches, gefrierbeständiges Gefäß füllen, abkühlen lassen und mindestens 6 Stunden im Tiefkühler gefrieren lassen.
4. Vor dem Servieren Masse in Stücke brechen und **25–30 Sekunden/Stufe 6** nur so lange rühren, bis die Masse zerkleinert und cremig ist.

Tipp: Die zerkleinerte Eis-Masse können Sie mit einigen Stücken 80-prozentiger Schokolade oder Kaffeebohnen vermischen.

Avocado-Softeis

Für 12 Portionen • Pro Portion: 127 kcal, 1 g E, 12 g F, 5 g KH

3 reife Avocados
3 Stängel frische Minze
½ Limette oder Zitrone
400 ml cremige Kokosmilch

1. Die Avocados längs halbieren, den Kern entfernen und das Fruchtfleisch mit einem Löffel aus der Schale heben. Die Minze waschen, mit Küchenpapier trocken tupfen und die Blätter von den Stängeln zupfen. Limette oder Zitrone auspressen (Sie benötigen 25–50 ml Saft).
2. Avocado und Minze in den Mixtopf geben und zugedeckt **8 Sekunden/Stufe 7** pürieren. Mit Limetten- oder Zitronensaft abschmecken. Masse in eine gefrierfeste Schüssel oder Kastenform füllen. Den Mixtopf nicht spülen.
3. Kokosmilch in den Mixtopf gießen, Schmetterling einsetzen und mit aufgesetztem Messbecher **2 Minuten/Stufe 4** schaumig schlagen. Auf die Avocadomasse geben und mit dem Thermomix®-Spatel vorsichtig vermengen.
4. Form mit Frischhaltefolie bedecken und diese so andrücken, dass keine Luftblasen in der Masse bleiben. Mindestens 2 Stunden ins Gefrierfach stellen.
5. Vor dem Servieren Eis kurz antauen lassen. Für längeres Einfrieren das Softeis in einen verschließbaren Behälter umfüllen.

Tipp: Vor dem Servieren mit einigen Schoko-Nibs (mindestens 70 % Kakaoanteil) oder gehackten Pistazien bestreuen.

Avocado-Zitronen-Kuchen

Für 8 Stück • Pro Stück: 495 kcal, 9 g E, 49 g F, 7 g KH

200 g ganze Mandeln oder Paranüsse
175 g Kokosöl
30 g Kokosraspel
4 Limetten oder Zitronen
400 g Avocados
200 g Quark (40 % Fett)
½ TL Salz
1 Limette oder Pistazienkerne zum Garnieren

1. Die Mandeln in den Mixtopf geben und mit aufgesetztem Messbecher **10 Sekunden/Stufe 8** zerkleinern. In eine Schüssel umfüllen.
2. 75 g Kokosöl in den Mixtopf geben und **20 Sekunden/100 °C/Stufe 2** schmelzen. Mandeln und Kokosraspel hinzufügen und **10 Sekunden/Stufe 4** verrühren. Masse in eine Springform (ca. 26 cm Ø) füllen und fest andrücken. Form in den Kühlschrank stellen. Mixtopf nicht spülen.

3. 1 Limette heiß waschen und die Schale dünn abraspeln. Alle Limetten auspressen (es sollen etwa 100 ml Saft sein). Avocados längs halbieren, den Kern entfernen und das Fruchtfleisch mit einem Löffel aus den Schalen lösen.
4. Restliches Kokosöl in den Mixtopf geben und **20 Sekunden/100 °C/Stufe 2** schmelzen.
5. Avocadofruchtfleisch, Quark, Limettensaft und -schale sowie Salz dazugeben und **10 Sekunden/Stufe 5** (Messbecher!) zu einer Creme verrühren.
6. Creme auf dem Tortenboden verteilen und 1 Stunde im Tiefkühler oder 3 Stunden im Kühlschrank fest werden lassen.
7. Vor dem Servieren nach Belieben mit Limettenscheiben oder gehackten Pistazienkernen garnieren.

Tipp: Am bestens ist es, die Torte gleich aufzuessen. Es lässt sich trotz der Limetten nicht vermeiden, dass die Avocadomasse nachdunkelt. Das tut dem Geschmack keinen Abbruch, sieht aber nicht schön aus.

Info: Avocado und Kokosöl – das ist DER Fett-Booster für die Keto-Party. Wenn Sie mal in Ketose sind, schaden Ihnen die 7 g Kohlenhydrate, die aus den Avocados kommen, nicht.

Mandelkugeln

Für 25 Stück • Pro Stück: 90 kcal, 2g E, 8g F, 1g KH

50g ganze ungeschälte Mandeln
80g Mandelmus
100g Quark (40 % Fett)
200g Mascarpone
2–3 TL Flohsamenschalen
Süßstoff oder Zuckerersatz nach Belieben
75g Kokosraspel

1. Die ganzen Mandeln in den Mixtopf geben und **7 Sekunden/Stufe 6** mit aufgesetztem Messbecher reiben.
2. Mandelmus, Quark, Mascarpone, 2 TL Flohsamenschalen und Süßstoff nach Belieben dazugeben und **6 Sekunden/Stufe 3** gut verrühren. In eine Schüssel umfüllen und mindestens 1 Stunde in den Kühlschrank stellen.
3. Nach Belieben die Kokosraspel in einer beschichteten Pfanne ohne Fett goldgelb rösten und abkühlen lassen.
4. Die Mandelmasse aus dem Kühlschrank nehmen, mit einem Teelöffel kleine Portionen entnehmen und mit angefeuchteten Händen daraus kleine Kugeln formen. Sollte die Masse zu weich sein, rühren Sie noch 1 TL Flohsamenschalen unter.
5. Die Kugeln in den Kokosraspeln wälzen und nebeneinander auf einen flachen Teller oder in Papierförmchen setzen, noch 1 Stunde in den Kühlschrank geben. Gekühlt können die Kugeln in einer gut verschließbaren Box bis zu 1 Woche aufbewahrt werden.

Mandelmus

Für ca. 20 Portionen • Pro Portion (1 EL): 125 kcal, 4 g E, 11 g F, 1 g KH

400 g ganze, ungeschälte Mandeln
Zuckerersatz, Salz oder schwach entöltes Kakaopulver nach Belieben

1. Die Mandeln in den Mixtopf geben und **15 Sekunden/Stufe 7** fein mahlen. Mit dem Spatel nach unten schieben und den Vorgang wiederholen, damit die Mandeln gleichmäßig gemahlen sind.
2. Ohne weitere Zusätze **30 Minuten/Stufe 4** rühren, bis eine cremige Masse entstanden ist. Dabei in 5-Minuten-Schritten vorgehen, denn die Mandeln sollen sich durch die Reibung beim Rühren nicht über eine Temperatur von 40 °C erhitzen. Die Masse also zwischendurch immer wieder abkühlen lassen.
3. Nach Belieben mit Zuckerersatz, Salz oder Kakaopulver abschmecken. In einem gut verschließbaren Schraubglas hält sich das Mandelmus im Kühlschrank einige Monate.

Tipp1: Für weißes Mandelmus müssen Sie die Mandeln vorher schälen. Dazu 1 Minute in kochendem Wasser blanchieren, durch ein Sieb abgießen und abkühlen lassen – die Haut lässt sich jetzt ganz leicht entfernen.

Tipp 2: Aus dem Mandelmus können Sie super Keto-Würfel machen: 200 g Mandelmus mit 150 g Kokosöl und 25 g Butter im Mixtopf **5 Minuten/75 °C/Stufe 2** zu einer cremigen Masse schmelzen. In Eiswürfelbehälter füllen und 3 Stunden im Tiefkühler gefrieren lassen.

Schokoladensauce

Für ca. 25 Portionen • Pro Portion (1 EL): 122 kcal, 2 g E, 141g F, 2 g KH

75 g Kokosöl
400 g Edelbitterschokolade (85 % Kakaoanteil)

1. 25 ml Wasser und Kokosöl in den Mixtopf geben und **2 Minuten/100 °C/Stufe 2** schmelzen.
2. Schokolade in Stücke schneiden, dazugeben und **3–4 Minuten/100 °C/Stufe 2** erwärmen, bis sie komplett geschmolzen ist. Weitere **2 Minuten/90 °C/Stufe 3** rühren, bis die Sauce glatt ist.
3. Vor dem Servieren Sauce auf Zimmertemperatur abkühlen lassen. Zum Aufbewahren in ein Schraubglas füllen.

Tipp: Besonders lecker schmeckt die Sauce auf Eiscreme oder zu halb gefrorenen Beeren. Natürlich auch auf Pancakes (Rezept Seite 44) mit Sahne und Beeren.

Schoko-Avocado-Mousse

Für 6 Portionen • Pro Portion: 136 kcal, 2g E, 11g F, 7g KH

½ Vanilleschote
2 reife Avocados
50g schwach entöltes Kakaopulver
50ml cremige Kokosmilch
1 Prise Salz
50ml ungesüßter Mandeldrink zum Verdünnen
frisches Beerenobst nach Belieben

1. Die Vanilleschote längs aufschlitzen und das Mark herauskratzen. Die Avocados längs halbieren, die Kerne entfernen und das Fruchtfleisch mit einem Löffel herausheben.
2. Vanillemark, Avocadofruchtfleisch, Kakaopulver, Kokosmilch und Salz in den Mixtopf geben und **30 Sekunden/Stufe 6** zu einer cremigen Masse aufschlagen.
3. Mit dem Spatel nach unten schieben und je nach gewünschter Konsistenz die Mandelmilch **10 Sekunden/Stufe 3** unterrühren.
4. Masse auf 6 Gläser verteilen. Vor dem Servieren nach Belieben mit Beerenobst garnieren. Die Mousse hält sich zugedeckt 2–3 Tage im Kühlschrank.

Brownies

Für 20 Stück • Pro Stück: 114 Kcal, 1 g KH, 10 g F, 3 g E

150 g ganze, ungeschälte Mandeln
25 g Bitterschokolade (mindestens 85 % Kakaoanteil)
1 Vanilleschote
4 Eier, Größe M
1 Prise Salz
100 g Butter
40 g schwach entöltes Kakaopulver
50–100 g Zuckerersatz nach Belieben
½ Pck. Backpulver
etwas Fett für das Blech

1. Den Backofen auf 180 °C Ober-/Unterhitze (Umluft 160 °C) vorheizen.
2. Die Mandeln in den Mixtopf geben und **15 Sekunden/Stufe 8** fein mahlen. Dann in eine Schüssel umfüllen und beiseite stellen.
3. Die Schokolade grob hacken. Die Vanilleschote längs aufschlitzen und das Mark herauskratzen.
4. Den Schmetterling in den Mixtopf einsetzen. Die Eier trennen, die Eiweiße mit dem Salz in den sehr sauberen Mixtopf geben und in **4 Minuten/Stufe 3,5** zu einem festen Schnee schlagen. In eine geräumige Schüssel umfüllen. Den Mixtopf nicht säubern.
5. Die Schokolade mit der Butter in den Mixtopf geben und **3 Minuten/55 °C/Stufe 1** schmelzen. Kakaopulver, Zuckerersatz nach Belieben, gemahlene Mandeln, Backpulver, Vanillemark und Eidotter **20 Sekunden/Stufe 3** einrühren. Die Masse in die Schüssel zum Eischnee geben und vorsichtig vermengen.
6. Eine Backform (32 x 20 cm) einfetten oder den entsprechenden Teil eines Backblechs mit Alufolie abgrenzen und einfetten, den Teig darauf verteilen und im vorgeheizten Backofen 20–25 Minuten backen.
7. Die Brownies sind fertig gebacken, wenn kein Teig mehr haften bleibt, wenn Sie mit einem Holzstäbchen hineinstechen. Teig aus dem Ofen nehmen, vollständig auskühlen lassen und in 20 rechteckige Stücke schneiden.

Tipp: Anstelle des Vanillemarks oder zusätzlich dazu können Sie auch 1 EL Kaffeebohnen verwenden, die Sie zuvor zusammen mit den Mandeln im Mixtopf zerkleinert haben.

Für den Vorratsschrank

Keto-Mayonnaise

Ca. 15 Portionen • Pro Portion (20 ml): 150 kcal, 1 g E, 16 g F, 0 g KH

2 Eigelb, Größe M
1 EL scharfer Senf
2 TL Zitronensaft
½ TL Salz
Weißer Pfeffer nach Belieben
250 ml MCT-Öl (ersatzweise Avocado- oder Macadamiaöl)

1. Eigelb, Senf, Zitronensaft, Salz und eventuell 1–2 Prisen Pfeffer in den Mixtopf geben. Öl abmessen und in ein Kännchen füllen.
2. Messbecher aufsetzen und **2 Minuten/Stufe 4** am Gerät einstellen. Das Öl langsam auf den Mixtopfdeckel gießen, sodass es unter dem Messbecher durch auf das laufende Messer träufeln kann und die Masse emulgiert.
3. Wenn Sie die Mayonnaise nicht gleich verbrauchen, in ein Schraubglas füllen und im Kühlschrank bis zu 1 Woche aufbewahren.

Tipp 1: Damit die Mayonnaise gelingt, sollten alle Zutaten zimmerwarm sein.

Tipp 2: Für Aioli gleich zu Beginn 1–2 durchgepresste Knoblauchzehen mitmixen.

Tipp 3: Sie können auch eine Variante mit 1 ganzen Ei zubereiten. Dazu 1 Ei (Größe M) mit 1 TL Zitronensaft, 1 EL Senf und ½ TL Salz in den Mixtopf geben, den Messbecher einsetzen und **2 Minuten/Stufe 4** am Gerät einstellen. Dann 250 ml MCT-Öl langsam auf den Mixtopfdeckel gießen, sodass es unter dem Messbecher durch auf die Messer rinnen kann und so die Masse emulgiert. In einem Schraubglas hält sich die Mayonnaise mindestens 10 Tage.

Info: Keto-Mayonnaise wird genauso gemacht wie normale Mayonnaise, nur eben mit MCT-Öl. Dieses Öl ist besonders reich an mittelkettigen Fettsäuren und fördert die Produktion von Ketonkörpern. Meist ist MCT-Öl eine Mischung aus Kokos- und Palmöl, die durch Hydrolyse gewonnen wird. Sie bekommen es in Reformhäusern oder im Internet.

Tomatenmark

Für 4 Gläser à ca. 100ml • Pro Portion (1 EL): 27kcal, 1g E, 2g F, 2g KH

1,6kg sehr reife Tomaten
2EL Olivenöl
1 EL Salz
Zuckerersatz nach Belieben

1. Die Tomaten waschen, halbieren und die Stielansätze und Kerne entfernen. In 2 Portionen in den Mixtopf geben und mit aufgesetztem Messbecher jeweils **5 Sekunden/Stufe 6** zerkleinern.
2. Spritzschutz aufsetzen und die Tomaten mit dem Olivenöl **35–45 Minuten/Varoma/Stufe 3** zur gewünschten Konsistenz einkochen lassen.
3. Das Salz dazugeben und alles **30 Sekunden/Stufe 8** fein pürieren (Messbecher aufsetzen!).
4. Nach Belieben mit wenig Zuckerersatz süßen und heiß in die vorbereiteten Gläser füllen. Sofort verschließen und kopfüber auskühlen lassen. Im Kühlschrak aufbewahrt mindestens 6 Monate haltbar.

Tipp 1: Am besten eignen sich Fleisch- oder Flaschentomaten zur Herstellung von Tomatenmark. Sie haben viel Fruchtfleisch, ein leicht süßliches Aroma und nur wenig Wasser.

Tipp 2: Konzentrierteres Tomatenmark erhalten Sie so: Ein feines Sieb mit einem sauberen Leinentuch auslegen und die pürierte Masse einfüllen. Zugedeckt über Nacht stehen lassen – so bleibt wirklich nur das Mark übrig. Nochmals aufkochen und dann in Gläser füllen.

Info: In Supermärkten gibt es zweifach konzentriertes (ca. 70 % Wassergehalt) und dreifach konzentriertes (bis 65 % Wassergehalt) Tomatenmark. Gutes Tomatenmark enthält – so wie unseres – nur Tomaten, Salz und eventuell Olivenöl.

Ketchup

Für ca. 1 Liter • Pro Portion (40 ml): 37 kcal, 1 g E, 3 g F, 2 g KH

2 Lorbeerblätter
2 Gewürznelken
2 cm Zimtstange oder 5 Zimtblüten
je 1 EL frische Rosmarinnadeln und Thymianblättchen
2 Zwiebeln
3 Knoblauchzehen
1 Stück Ingwer (etwa walnussgroß)
1 rote Peperonischote
4 EL Olivenöl
1 kg aromatische, reife Tomaten (z. B. Roma)
1 rote Spitzpaprikaschote
50 ml Weißwein- oder Apfelessig
100 g Tomatenmark (Fertigprodukt oder Rezept Seite 133)
1 Tütchen Zitronensäure
Salz, Pfeffer

1. Lorbeerblätter, Gewürznelken, Zimt, Rosmarin und Thymian in den Mixtopf geben, Messbecher mit Küchenkrepp abgedichtet aufsetzen. Die Gewürze **60 Sekunden/Stufe 10** mahlen.
2. Die Zwiebeln abziehen und vierteln. Knoblauchzehen und Ingwer schälen. Ingwer vierteln. Die Peperonischote waschen, längs aufschlitzen, die Kerne entfernen und das Fruchtfleisch grob zerschneiden. Alles in den Mixtopf geben, das Öl dazugießen und **10 Sekunden/Stufe 7** zerkleinern (Messbecher!). Mit dem Spatel nach unten schieben und **4 Minuten/120 °C/Stufe 1,5** andünsten.
3. In der Zwischenzeit die Tomaten waschen, halbieren und die Stielansätze herausschneiden. Die Spitzpaprika waschen, Kerngehäuse entfernen und Schote grob zerschneiden.

4. Erst die Paprikastücke, dann die Tomaten in den Mixtopf geben und mit aufgesetztem Messbecher **15 Sekunden/Stufe 4** mithilfe des Spatels zerkleinern. (Vorsicht, das kann spritzen!)
5. Den Essig dazugeben und alles mit dem Garkörbchen als Spritzschutz **35 Minuten/100 °C/ Stufe 1** kochen. Anschließend **40 Sekunden/Stufe 5–8** ansteigend pürieren.
6. In der Zwischenzeit 4 25-ml- oder 2 50-ml Flaschen heiß ausspülen und kopfüber abtropfen lassen.
7. Tomatenmark und Zitronensäure zum Tomatenpüree geben und zugedeckt **10 Sekunden/Stufe 3** unterrühren. Mit Salz und Pfeffer abschmecken.
8. Ketchup sofort heiß mithilfe eines Trichters in die Flaschen füllen, diese verschließen und kopfüber auskühlen lassen. Im Kühlschrank aufbewahrt mindestens 6 Monate haltbar.

Tipp 1: Statt mit Kräutern kann man den Ketchup auch mal mit 2 EL Curry oder einer asiatischen Gewürzmischung verfeinern.

Tipp 2: Praktische 250-ml- oder 500-ml-Flaschen bekommen Sie in der Haushaltsabteilung im Kaufhaus. Sie können aber auch Glasfläschchen mit Schraubdeckel von Smoothies oder Sahne aus Supermärkten sammeln.

Tapenaden

Dunkle Tapenade

Für 10 Portionen • Pro Portion (1 EL): 125 kcal, 1 g E, 13 g F, 0 g KH

2 Knoblauchzehen
2 Stängel glatte Petersilie oder 4 Stängel Thymian
200 g entsteinte schwarze Oliven
50 g eingelegte Kapern
30 g Sardellen (eingelegt im Glas oder Paste aus der Tube)
100 ml Olivenöl + Öl zum Bedecken
Salz, Pfeffer

1. Die Knoblauchzehen schälen. Petersilie oder Thymian waschen, mit Küchenpapier trocken tupfen und die Blätter von den Stängeln zupfen.
2. Oliven, Knoblauch, Petersilie, Kapern, Sardellen und Olivenöl in den Mixtopf geben und mit aufgesetztem Messbecher **10 Sekunden/Stufe 5** zerkleinern. Mit dem Spatel nach unten schieben und – wenn die Tapenade besonders fein werden soll – den Vorgang wiederholen.
3. Mit Salz und Pfeffer abschmecken und in ein heiß ausgespültes Schraubglas füllen. Darauf achten, dass keine Luftblasen im Glas bleiben. Mit einer dünnen Ölschicht bedecken und fest verschließen. Hält sich im Kühlschrank aufbewahrt 3–4 Monate.

Tipp: Zur Abwechslung können Sie die Sardellen durch 30 g Pinien- oder Pistazienkerne ersetzen. Frisches, sommerliches Aroma erhält die Tapenade, wenn Sie am Schluss 1 EL fein geraspelte Schale einer Bio-Orange **5 Sekunden/Stufe 3 linksdrehend** untermischen.

Helle Tapenade

Für 10 Portionen • Pro Portion (1 EL): 151 kcal, 1 g E, 16 g F, 0 g KH

1 Knoblauchzehe
1 kleiner Stängel Rosmarin
½ Bio-Zitrone
200 g entsteinte grüne Oliven
15 g eingelegte Kapern
50 g geschälte Mandeln
100 ml Olivenöl + Öl zum Bedecken
Salz, Pfeffer

1. Den Knoblauch schälen. Rosmarin waschen, mit Küchenpapier trocken tupfen und die Nadeln vom Stängel zupfen. (Es sollen etwa 10 g sein.) Die Zitrone waschen, 1 EL Schale fein abraspeln und die halbe Frucht auspressen.
2. Oliven, Knoblauch, Rosmarin, Zitronensaft, Kapern, Mandeln und Olivenöl in den Mixtopf geben und **10 Sekunden/Stufe 5** zerkleinern (Messbecher!). Den Vorgang wiederholen, wenn die Tapenade sehr fein werden soll.
3. Mit Salz und Pfeffer abschmecken und die Zitronenschale **5 Sekunden/Stufe 3 linksdrehend** unterrühren.
4. Tapenade in ein heiß ausgespültes Schraubglas füllen. Darauf achten, dass keine Luftblasen im Glas bleiben. Mit einer dünnen Ölschicht bedecken und fest verschließen. Hält sich im Kühlschrank aufbewahrt 3–4 Monate.

Tomaten-Tapenade

Für 10 Portionen • Pro Portion (1 EL): 203 kcal, 3 g E, 20 g F, 2 g KH

100 g Macadamia- oder Paranüsse
5 Stängel Basilikum
30 g Parmesan
60 g getrocknete Tomaten (ohne Öl)
100 ml Olivenöl + Öl zum Bedecken
etwas Balsamessig
Salz, Pfeffer

1. Die Macadamia- oder Paranüsse grob hacken und in einer beschichteten Pfanne ohne Öl goldgelb rösten. Zum Abkühlen beiseite stellen.
2. Basilikum waschen, mit Küchenpapier trocken tupfen und die Blätter von den Stängeln zupfen.
3. Parmesan in den Mixtopf geben und mit aufgesetztem Messbecher **10 Sekunden/Stufe 10** reiben.
4. Gehackte Nüsse, Basilikum, Tomaten und Öl dazugeben und **10 Sekunden/Stufe 8** (Messbecher!) pürieren. Mit dem Spatel nach unten schieben und den Vorgang wiederholen.
5. Tapenade mit Balsamessig, Salz und Pfeffer abschmecken.
6. In ein heiß ausgespültes Schraubglas füllen. Darauf achten, dass keine Luftblasen im Glas bleiben. Mit einer dünnen Ölschicht bedecken und fest verschließen. Hält sich im Kühlschrank aufbewahrt 3–4 Monate.

Nussdrinks

Nussdrinks aus Mandeln, Haselnüssen, Cashew oder Walnüssen sind »Milch«-Sorten, die man nicht so nennen darf. Sie werden alle unter der Bezeichnung »Drink« angeboten – die EU will das so. Es gibt sie auch in gut sortierten Supermärkten zu kaufen – achten Sie aber darauf, dass sie ungesüßt sind. Im Thermomix® sind die Drinks preiswert und ganz fix gemacht. Aus Mandeln, Haselnüssen, Walnüssen oder Cashewkernen (immer in Bio-Qualität!) können Sie leckere und gesunde Nuss-Getränke herstellen. Das kann – besonders in der Anfangszeit Ihrer Keto-Ernährung – wichtig sein, weil Sie dadurch die Kohlenhydrate aus tierischer Milch einsparen.

Mandeldrink

Für ca. 800 ml • Pro 100 ml: 13 kcal, 1 g E, 2 g F, 0 g KH

200 g ganze, geschälte Mandeln
1 Prise Salz

1. Mandeln in eine Schüssel geben und mit 500 ml Wasser bedecken. Offen 6–12 Stunden stehen lassen – je länger Sie die Mandeln einweichen, desto cremiger wird dann der Drink. (Durch das lange Einweichen wird auch die Phytinsäure in den Mandeln etwas unschädlich gemacht, wodurch die Mandeln besser verdaulich sind.)
2. Die Mandeln durch ein Sieb abgießen und unter fließendem kaltem Wasser abspülen.
3. Mit 1 l Wasser und Salz in den Mixtopf geben und **1 Minute/Stufe 10** zerkleinern (Messbecher aufsetzen!).
4. Durch ein feines Sieb in einen hohen Topf abgießen und ausdrücken. In eine Glasflasche gefüllt hält sich der Mandeldrink 4–5 Tage im Kühlschrank. Kann pur oder für Gemüse-Smoothies verwendet werden.

Tipp 1: Um den Drink noch feiner zu machen, können Sie ihn auch durch einen Nussmilchbeutel (u. a. in Drogeriemärkten erhältlich) abseihen oder das Sieb mit einem Passiertuch auslegen und den Trester anschließend noch auspressen.

Tipp 2: Der Trester kann getrocknet und dann als Mehl verwendet werden: auf einem Backblech ausbreiten und 2–3 Stunden bei 80 °C Ober-/Unterhitze (Umluft 60 °C) im Backofen trocknen. Anschließend so lange offen stehen lassen, bis die Masse beim Krümeln nicht mehr klebt. Die Trockenzeit hängt davon ab, wie gut Sie den Mandelbrei vorher ausgepresst haben. Daraus können Sie dann Mandelmehl machen: **30 Sekunden/Stufe 10** im Thermomix® pulverisieren. In der Keto-Ernährung geeignet zum Beispiel, um Suppen und Saucen oder Hackfleisch einzudicken – fast ohne Kohlenhydrate. Zum Backen eignen sich Nussmehle nicht, da sie keine Kleber (Gluten) enthalten. Man kann aber 10 bis 15 % des herkömmlichen Mehls durch Mandel- oder anderes Nussmehl ersetzen.

Cashewdrink

Für ca. 800 ml • Pro 100 ml: 23 kcal, 1 g E, 2 g F, 3 g KH

225 g Cashewkerne

1. Cashewkerne 10–12 Stunden, am besten über Nacht, in einer Schüssel mit 500 ml Wasser einweichen.
2. Durch ein Sieb abgießen und mit 1 l Wasser in den Mixtopf geben. **1 Minute/Stufe 10** fein zerkleinern (Messbecher aufsetzen!).
3. Die Mischung in ein mit einem Tuch ausgelegtes Sieb oder einen Nussmilchbeutel (im Drogeriemarkt erhältlich) gießen und gut ausdrücken. Der Drink hält im Kühlschrank etwa 1 Woche.

Tipp: Nach Belieben können Sie die Drinks zum Beispiel mit Vanilleextrakt, Zimt oder schwach entöltem Kakaopulver anreichern. Das schmeckt dann auch heiß!

Haselnussdrink

Für ca. 800 ml • Pro 100 ml: 29 kcal, 1 g E, 2 g F, 0 g KH

200 g ungeschälte Haselnüsse
1 Prise Salz

1. Haselnüsse in einer Schüssel mit 500 ml Wasser übergießen und mindestens 4 Stunden, besser über Nacht, einweichen.
2. Durch ein Sieb abgießen und Haselnüsse mit 1 l frischem Wasser und Salz im Mixtopf mit Messbecher **1 Minute/Stufe 10** fein pürieren (Messbecher aufsetzen!).
3. Die Mischung in ein mit einem Tuch ausgelegtes Sieb oder einen Nussmilchbeutel (im Drogeriemarkt erhältlich) gießen und gut ausdrücken. Hält im Kühlschrank 2–3 Tage.

Walnussdrink

Für ca. 800 ml • Pro 100 ml: 57 kcal, 1 g E, 3g F, 1 g KH

150 g Walnusskerne
1 Prise Salz

1. Walnusskerne und Salz mit 700 ml Wasser ohne Einweichen in den Mixtopf geben und **1 Minute/Stufe 10** mit aufgesetztem Messbecher mixen.
2. Dann Masse durch ein Sieb oder einen Nussmilchbeutel (im Drogeriemarkt erhältlich) gießen und gut ausdrücken. Der Drink hält 2–3 Tage im Kühlschrank und passt auch gut in den Kaffee.

Paste für Rinderbrühe

Für ca. 3 Gläser à 200 ml • Pro Portion (1 EL): 20 kcal, 1 g E, 2 g F, 0 g KH

1 große Zwiebel
150 g Möhren
100 g Knollensellerie
1 Stange Lauch
2 Knoblauchzehen
2 Stängel glatte Petersilie
2 EL Kokosöl oder MCT-Öl
50 g getrocknete Tomaten (ohne Öl)
300 g Rinderhackfleisch
1 TL getrockneter Majoran oder Thymian
1 TL gemahlener schwarzer Pfeffer
2 Lorbeerblätter
3 Wacholderbeeren
25 g grobes Meersalz
50 ml Wasser, Rotwein oder Sherry

1. Die Zwiebel abziehen und vierteln. Möhren und Sellerie putzen und schälen. Lauch putzen und gründlich waschen. Alles grob zerschneiden. Den Knoblauch schälen. Die Petersilie waschen, trocken schütteln und mit den Stängeln grob hacken.
2. Gemüse mit dem Öl in den Mixtopf geben und mit aufgesetztem Messbecher **10 Sekunden/Stufe 5** zerkleinern. Mit dem Spatel nach unten schieben und **5 Minuten/100 °C/Stufe 2,5** andunsten.
3. Alle übrigen Zutaten mit dem Spatel unterheben und das Ganze offen **30 Minuten/100 °C/Stufe 2** einkochen lassen. Dabei das Garkörbchen als Spritzschutz auf den Deckel stellen.
4. Mit aufgesetztem Messbecher **40 Sekunden/Stufe 8–10** ansteigend zu einer Paste mixen und heiß in vorbereitete Schraubgläser füllen. Gleich fest verschließen und abgekühlt im Kühlschrank aufbewahren. Hält sich ungeöffnet 2–3 Monate.

Tipp: Zusätzlich passen auch 25 g getrocknete Pilze in die Paste. Klein schneiden, etwa 20 Minuten in einer Schüssel mit 50 ml lauwarmem Wasser einweichen und in Punkt 3 mit dem Einweichwasser (statt des Wassers in der Zutatenliste) in den Mixtopf dazugeben.

Für 1 Teller Brühe rechnen Sie am besten mit 1 gestrichenen EL Paste für 250 ml kochendes Wasser.

Paste für Hühnerbrühe

Für ca. 3 Gläser à 200 ml • Pro Portion (1 EL): 14 kcal, 2 g E, 1 g F, 0 g KH

1 Hähnchenkeule oder Hähnchenbrust mit Haut (ca. 400 g)
1 große Zwiebel
150 g Möhren
100 g Petersilienwurzel
75 g Knollensellerie
1–2 Knoblauchzehen
2 Stängel glatte Petersilie
1 Stange Lauch
2 EL Kokosöl oder MCT-Öl
2 Lorbeerblätter
1 TL gemahlener weißer Pfeffer
25 g grobes Meersalz

1. Das Hähnchenfleisch von den Knochen befreien bzw. das Fleisch in etwa 2 cm große Würfel schneiden und auf einem gefrierfesten Teller ausgebreitet 30 Minuten in den Tiefkühler geben.
2. In der Zwischenzeit die Zwiebel abziehen und vierteln. Möhren, Petersilienwurzel und Knollensellerie schälen, putzen und grob zerschneiden. Knoblauch schälen. Petersilie waschen, trocken schütteln und mit den Stängeln grob hacken. Lauch putzen, gründlich waschen und grob zerschneiden.
3. Das leicht gefrorene Fleisch in 2 Portionen in den Mixtopf geben und mit aufgesetztem Messbecher jeweils **10 Sekunden/Stufe 6** zerkleinern. In eine Schüssel umfüllen. Mixtopf nicht spülen.
4. Das vorbereitete Gemüse mit dem Öl in den Mixtopf geben und mit aufgesetztem Messbecher **10 Sekunden/Stufe 5** zerkleinern. Mit dem Spatel nach unten schieben und **5 Minuten/100 °C/Stufe 2,5** andünsten.
5. Fleisch, Gewürze und 50 ml Wasser dazugeben und offen **30 Minuten/100 °C/Stufe 2** einkochen. Dabei das Garkörbchen als Spritzschutz auf den Deckel stellen.
6. Mit aufgesetztem Messbecher **40 Sekunden/Stufe 8–10** ansteigend zu einer Paste mixen und heiß in vorbereitete Schraubgläser füllen. Gleich fest verschließen und abgekühlt im Kühlschrank aufbewahren. Hält sich ungeöffnet 2–3 Monate.

Tipp: Je nach gewünschter Intensität rühren Sie für eine Hühnerbrühe 1 oder 2 EL Brühepaste in 500 ml kochendes Wasser ein.

Cajun-Gewürz

Cajun einfach

Für ca. 100 g

60 g rosenscharfes Paprikapulver
30 g schwarzer gemahlener Pfeffer
1 ½ TL Cayennepfeffer
2 TL Zwiebelpulver
2 TL Knoblauchpulver

Cajun raffiniert

Für ca. 250 g

30 g schwarze Pfefferkörner
4 TL Koriandersamen
2 TL Kreuzkümmel
1 TL Senfsamen
ca. 2 cm Zimtstange
4 Gewürznelken
60 g Paprikapulver (edelsüß oder geräuchert)
4 TL getrockneter Thymian
4 TL getrockneter Oregano
4 TL getrockneter Majoran
je 2 TL Zwiebel- und Knoblauchpulver

1. Für die einfache Variante alle Zutaten in den Mixtopf geben und **10 Sekunden/Stufe 6** leicht mahlen und vermischen.
2. Für die raffinierte Variante Pfeffer, Koriandersamen, Kreuzkümmel, Senfsamen, Zimtstange und Gewürznelken in einer beschichteten Pfanne ohne Fett unter ständigem Rühren nicht zu stark rösten.
3. Vollständig auskühlen lassen, in den Mixtopf geben und mit aufgesetztem Messbecher (mit Küchenkrepp abdichten – es staubt!) **45 Sekunden/Stufe 10** mahlen. Mit dem Spatel nach unten schieben und den Vorgang wiederholen.
4. Die übrigen Zutaten dazugeben und **15 Sekunden/Stufe 6** vermischen.
5. Die Gewürzmischungen in saubere Schraubgläser füllen und dunkel aufbewahren. Sie halten sich 2–4 Monate, danach lässt das Aroma nach.

Tipp: Cajun (sprich Käidschn) eignet sich nicht nur als Rub für Ihr Grillgut. Sie können mit der Mischung Gemüsepfannen oder Eintöpfe aufpeppen.

Info: Die scharfe Mischung stammt aus der Karibik und den Südstaaten der USA. Sie ist heute für jeden Grillfreund ein Muss. Dabei wird das Grillgut zunächst in zerlassener Butter gewendet und dann mit Cajun eingerieben. Auf dem Grill soll die Kruste möglichst schwarz (»blackened«) werden.

Chimichurri

Für 2 Gläser à ca. 200 ml • Pro Portion (1 EL): 98 kcal, 0 g E, 10 g F, 1 g KH

1 Zwiebel
2–3 Knoblauchzehen
1 rote Peperonischote nach Belieben
1 kleine rote Spitzpaprikaschote
100 g glatte Petersilie
50 g frische Kräuter (z. B. Oregano, Majoran, Salbei oder Thymian)
2 Lorbeerblätter
1 TL Paprikapulver, edelsüß
100 ml Rotweinessig
200 ml Olivenöl + Öl zum Bedecken
Salz, Pfeffer

1. Die Zwiebel abziehen und vierteln. Die Knoblauchzehen schälen. Peperonischote – wenn Sie es gerne scharf mögen – waschen, längs halbieren und die Kerne entfernen. Die Spitzpaprika waschen, putzen und in Stücke schneiden.
2. Die Kräuter waschen, mit Küchenpapier trocken tupfen und die Blätter von den Stängeln zupfen. Die Lorbeerblätter zerbröseln.
3. Zwiebel, Knoblauch, Peperoni und Paprika in den Mixtopf geben und mit aufgesetztem Messbecher **3 Sekunden/Stufe 5** zerkleinern. Mit dem Spatel nach unten schieben.
4. Die Kräuter, Lorbeerblätter, Paprikapulver, Essig, 50 ml Wasser und Öl dazugeben und **3 Sekunden/Stufe 5** zerkleinern. Mit dem Spatel nach unten schieben und den Vorgang so oft wiederholen, bis eine sämige Sauce entstanden ist, bei der aber noch einzelne Blättchen erkennbar sind.
5. In eine Schüssel umfüllen und zugedeckt mindestens 3 Stunden ziehen lassen. Mit Salz und Pfeffer abschmecken. Gleich servieren oder in heiß gespülte Schraubgläser füllen und mit einer dünnen Ölschicht bedeckt im Kühlschrank aufbewahren. Hält sich dort etwa 3–4 Wochen.

Tipp: Je länger die Sauce zieht, desto intensiver wird ihr Geschmack. Argentinier lassen sie bis zu 2 Wochen im Kühlschrank stehen – dann aber darauf achten, dass die Oberfläche mit einer Schicht Olivenöl bedeckt ist.

Info: Grundzutat dieser argentinischen Sauce ist Petersilie. Von den übrigen Kräutern sind Oregano und Thymian sehr beliebt, Sie können aber verwenden, was Sie im Garten oder am Markt finden.

Chimichurri

Currypaste

Für ca. 250 ml • Pro Portion (1 EL): 28 kcal, 0 g E, 2 g F, 1 g KH

8 frische rote Thai-Chilischoten (ersatzweise Peperonischoten)
3 Schalotten
2 Knoblauchzehen
30 g frischer Ingwer
2 Stängel Zitronengras
2 EL Koriandersamen
1 EL gemahlener Kreuzkümmel
3 EL MCT-Öl + Öl zum Bedecken
1 TL gemahlene Kurkuma
1 EL Limettensaft
1 TL Salz

1. Die Chilischoten waschen, putzen und grob zerschneiden. (Wer nicht allzu scharf kochen möchte, sollte einen Teil der Kerne entfernen. Vorsicht: Nach dem Bearbeiten der Schoten nicht mit den Fingern in Augen- oder Lippennähe kommen – das kann höllisch brennen!)
2. Die Schalotten abziehen und halbieren. Den Knoblauch und Ingwer schälen. Ingwer grob zerschneiden. Das Zitronengras längs aufschlitzen, das weiche Innere entnehmen und grob zerschneiden.
3. Koriandersamen und Kreuzkümmel in den Mixtopf geben und mit aufgesetztem Messbecher **25 Sekunden/Stufe 10** mahlen. Das Öl dazugeben und Gewürze **4 Minuten/100 °C/Stufe 1,5** rösten.
4. Die vorbereiteten Zutaten dazugeben und **5 Sekunden/Stufe 5** zerkleinern (Messbecher!). Mit dem Spatel nach unten schieben und **5 Minuten/100 °C/Stufe 1,5** andünsten.
5. Kurkuma, Limettensaft und Salz zufügen und alles **30 Sekunden/Stufe 7** mit aufgesetztem Messbecher pürieren. Wenn Sie die Paste feiner möchten, den Vorgang wiederholen.
6. Paste in ein vorbereitetes Glas füllen, gut andrücken, um alle Luftblasen zu entfernen, und mit einer dünnen Schicht MCT-Öl bedecken. Nach Entnahme immer wieder mit Öl bedecken – so hält sich die Paste 2–3 Monate im Kühlschrank.

Tipp 1: Als Faustregel für die Zubereitung von Currys gilt: Nehmen Sie ca. 2 EL auf 400 ml Kokosmilch.

Tipp 2: Alternativ zur Aufbewahrung im Glas können Sie die Paste auch in Eiswürfelbehältern einfrieren, die gefrorenen Würfel in einen Gefrierbeutel umfüllen und die Würfel in gefrorenem Zustand direkt ins heiße Öl geben.

Info: Currypaste kommt ursprünglich aus Thailand, wird aber auch in Indien und Indonesien verwendet. Die klassischen Farben sind Grün, Gelb und Rot, wobei die rote Paste mit ihrer milden Schärfe bei uns am beliebtesten ist.
Nichts für Feiglinge ist die grüne Currypaste, die aus grünen Thai-Chilis hergestellt wird. Die gelbe Variante, aus getrockneten Chilischoten zubereitet, ist ziemlich mild und bekommt ihre Farbe durch Zusatz von viel Kurkuma.
Oft kommt in Rezepten zur Herstellung von Currypasten auch 1 EL Garnelenpaste vor – die bekommen Sie in Asia-Läden.

Erdnussbutter

Für ca. 250 ml • Pro Portion (15 ml): 134 kcal, 4 g E, 12 g F, 2 g KH

250 g ungesalzene Erdnüsse
50 g Ghee
Salz

1. Erdnüsse in den Mixtopf geben und mit aufgesetztem Messbecher **25 Sekunden/Stufe 10** zerkleinern. Mit dem Spatel nach unten schieben.
2. Ghee und Salz (nach Geschmack) dazugeben und **25 Sekunden/Stufe 6** cremig rühren. In das vorbereitete Glas füllen und im Kühlschrank aufbewahren. Hält sich – immer wieder gut verschlossen – etwa 2 Monate.

Tipp 1: Intensiver wird das Aroma, wenn Sie die Erdnüsse zuvor in einer beschichteten Pfanne ohne Fett rösten.

Tipp 2: Etwas bissfester wird die Erdnussbutter, wenn Sie 50 g der Erdnüsse zuvor **7 Sekunden/Stufe 6** zerkleinern, beiseite stellen und nach dem Cremigrühren **10 Sekunden/ Stufe 3 linksdrehend** untermischen.

Tipp 3: Die Erdnussbutter können Sie gut mit Aromen wie Vanille oder Kakao verfeinern.

Info: Erdnüsse sind natürlich nicht die erste Wahl in der Keto-Ernährung, da sie im Grunde Hülsenfrüchte sind und daher auch mehr Kohlenhydrate enthalten als andere Nüsse. Also nicht zu viel davon naschen!

Sesampaste (Tahin)

Für ca. 250 ml • Pro Portion (15 ml): 108 kcal, 2 g E, 10 g F, 2 g KH

200 g Sesamsamen
1 EL Fenchelsamen
1 EL Koriandersamen
50 g Ghee oder Kokosöl
1 TL Salz
½ Bio-Zitrone nach Belieben

1. Alle Samen in einer beschichteten der Pfanne ohne Fett behutsam rösten. Dabei ständig rühren, damit nichts anbrennt und bitter wird.
2. Samen in den Mixtopf geben, Ghee, Salz und nach Belieben etwas Zitronensaft und -schale dazugeben und mit aufgesetztem Messbecher **15 Sekunden/Stufe 8** mahlen. Mit dem Spatel nach unten schieben und abermals **15 Sekunden/Stufe 8** mahlen. Den Vorgang so lange wiederholen, bis eine feine, cremige Paste entstanden ist.
3. In das vorbereitete Glas füllen und im Kühlschrank aufbewahren. Hält sich – immer wieder gut verschlossen – etwa 2 Monate im Kühlschrank.

Tipp: Mit ungeschältem Sesam wird die Paste dunkler und etwas kräftiger im Geschmack. Geschälter Sesam macht sie milder.

Info: Da die Sesampaste mit Ghee hergestellt wird, ist sie wie auch unsere Erdnussbutter gut als Fett-Booster für zwischendurch geeignet. Sesam enthält zwar ca. 10 g Kohlenhydrate pro 100 g – aber wer isst schon 100 g auf einmal.

Zuckerfreier Senf

Für 3 Gläser à ca. 200 ml • Pro Portion (1 gestrichener EL): 15 kcal, 1 g E, 1 g F, 0 g KH

250 g gelbe Senfkörner
175 ml weißer Essig (unbedingt 5 % Säure)
25 g Salz
1 TL gemahlene Kurkuma
2 EL MCT-Öl

1. Senfkörner in den Mixtopf geben und mit aufgesetztem Messbecher **2 x 30 Sekunden/Stufe 10** mahlen. Dazwischen kurz warten, damit die Körner wieder abkühlen können.
2. 250 ml Wasser dazugeben und **5 Sekunden/Stufe 3** verrühren. 15 Minuten quellen lassen.
3. Essig, Salz und Kurkuma dazugeben und **6 Minuten/Stufe 5** verrühren. Darauf achten, dass sich die Masse nicht über 37 °C erhitzt. Wenn das Kontrolllämpchen aufleuchtet, einfach abschalten, abkühlen lassen und dann weitermachen.
4. Masse komplett abkühlen lassen, das Öl dazugeben und zugedeckt **30 Sekunden/Stufe 3** verrühren.
5. Senf in heiß ausgespülte Schraubgläser füllen, fest verschließen und vor Gebrauch 1–2 Wochen stehen lassen, damit sich das Aroma ganz entfalten kann. Danach hält der Senf im Kühlschrank 5–6 Monate.

Tipp: Zum weiteren Würzen eignen sich Chiliflocken, Nüsse, Paprika- oder Currypulver, frische Kräuter, eingelegte Kapern oder Pfefferkörner und vieles mehr. Einfach ausprobieren.

Info: Im Handel gibt es einige wenige Senfsorten, die ohne Zucker auskommen. Auf der sicheren Seite sind Sie mit selbst gemachtem Senf. Das geht mit Ihrem Thermomix® ganz einfach! Nach Belieben können Sie helle oder dunkle Senfkörner verwenden oder eine Mischung aus beiden. Senfkörner enthalten zwar 28 g Kohlenhydrate pro 100 g – man isst sie aber nicht pur, und pro Esslöffel fertigen Senf bleiben davon auch nur 0,35 g übrig.

Würzsalz zu Eiern

Für 3 Glaser à 100 ml • Pro Portion (½ TL): 2 kcal, 0 g E, 0 g F, 0 g KH

je 5 g schwarze Pfefferkörner, Schwarzkümmel und Koriandersamen
je 5 g getrockneter Majoran und Thymian
1 Lorbeerblatt
10 g Knoblauchgranulat
5 g Zuckerersatz (z. B. Erythrit)
250 g grobes Meersalz
15 g Röstzwiebel (Fertigprodukt)

1. Pfefferkörner, Schwarzkümmel und Koriandersamen in den Mixtopf geben und mit aufgesetztem Messbecher **10 Sekunden/Stufe 10** mahlen.
2. Majoran, Thymian, Lorbeerblatt, Knoblauchgranulat und Zuckerersatz dazugeben und **5 Sekunden/Stufe 7** zerkleinern und vermischen (Messbecher!). Die Mischung im Mixtopf 1–2 Stunden durchziehen lassen.
3. Meersalz und Röstzwiebeln dazugeben und – je nach gewünschter Konsistenz – **5–15 Sekunden/Stufe 8** mahlen.
4. Mischung in vorbereitete, saubere Schraub- oder Bügelgläser füllen und gut verschließen. Hält etwa 1 Jahr, wobei das Aroma während der Lagerung immer schwächer wird.

Tipp: Wer will, kann der Mischung auch getrockneten Ingwer, Rosmarin oder andere Gewürze zufügen. Was auf dem Frühstücksei so würzig schmeckt, ist auch gut auf Butter, Frischkäse, auf einem Omelett oder im Salat.

ZUTATENREGISTER

Bildnachweis

S. 8: George Dolgikh/Shutterstock; S. 9: Africa Studio/Shutterstock; S. 12: a_namenko/iStock; S. 13: Elena-Grishina/Shutterstock; S. 16: Sudowoodo/Shutterstock (unten); S. 17: Syda Productions/Shutterstock; S. 18: nehophoto/Shutterstock; S. 19: Olef/Shutterstock; S. 21: MaraZe/Shutterstock (oben), etorres/Shutterstock (unten); S. 24: Love the wind/Shutterstock; S. 25: Valentyn Volkov/Shutterstock; S. 26: LeDarArt/Shutterstock (oben), SewCream/Shutterstock (unten); S. 27: maxpro/Shutterstock; S. 28: AmyLv/Shutterstock; S. 33: Fascinadora/Shutterstock; S. 35: Rudie Strummer/Shutterstock; S. 36: Tatiana Bralnina/Shutterstock; S. 39, 95: bhofack2/iStock; S. 43, 69: Amilla Eka/Shutterstock (oben links), art nick/Shutterstock (oben Mitte), Francesco83/Shutterstock (oben rechts), P-fotography/Shutterstock (unten); S. 44: OLEKSANDR SHEVCHENKO/Shutterstock; S. 45: Mariha-kitchen/iStock; S. 47 f.: Elena Shaschkina/Shutterstock; S. 49: contrastwerkstatt – stock.adobe.com; S. 50: SewCream/Shutterstock; S. 51: Proxima 13/Shutterstock; S. 53: TorriPhoto/iStock; S. 55: Elena Veselova/Shutterstock; S. 56: Elena Zajchikova/Shutterstock; S. 57: cobraphotography/Shutterstock; S. 59: istetiana/Shutterstock; S. 60: Peter Hermes Furian/Shutterstock; S. 61: Margreet de Groot/Shutterstock; S. 62: Evgeniya369/Shutterstock; S. 63: Iakov Filimonov/Shutterstock; S. 64: MarcinWojc/Shutterstock; S. 65: zi3000/Shutterstock; S. 66: Lesya Dolyuk/Shutterstock; S. 67: BackenistGold/iStock; S. 71, 123: Brent Hofacker/Shutterstock; S. 73: Ale02/Shutterstock; S. 75: Liliya Kandrashevich/Shutterstock; S. 77: Ana Bokan/Shutterstock; S. 78: Richard Semik/Shutterstock; S. 79: Alexander Mogilevets/Shutterstock; S. 81: Tatiana Vorona/Shutterstock; S. 82: HandmadePictures/Shutterstock; S. 83: Eduard Zhukov/Shutterstock; S. 85: mindadezhda/Shutterstock; S. 86: Szakaly/iStock; S. 87: Supatchaya Sresuparp/Shuttertsock; S. 89: rainbow33/Shutterstock; S. 91: Irina Rostokina/Shutterstock; S. 92: Lapina Maria/Shutterstock; S. 93: vikif/iStock; S. 96: Andy Gin/Shutterstock; S. 99, 111: AS Food studio/Shutterstock; S. 100: Olga Larionova/Shutterstock; S. 101: istetiana/Shutterstock; S. 102: Donna Vincent/Shutterstock; S. 103: Francesco83/Shutterstock; S. 105: zoryanchik/Shutterstock; S. 106: Kiian Oksana/Shutterstock; S. 109: MemoryMan/Shutterstock; S. 113: Stepanek Photograohy/Shutterstock; S. 114: margouillatphotos/iStock; S. 115: hlphoto/Shutterstock; S. 117: marco mayer/Shutterstock; S. 118: Marina Mi/Shutterstock; S. 119: Timolina/Shutterstock; S. 120: A_Lein/Shutterstock; S. 121: margouillat photo/Shutterstock; S. 124: P-fotography/Shutterstock; S. 126: Auayporn/Shutterstock; S. 127: everydayplus/Shutterstock; S. 128: MaraZe/Shutterstock; S. 129: Azra H/Shutterstock; S. 131: Civil/Shutterstock; S. 132: Tobik/Shutterstock; S. 133: art nick/Shutterstock; S. 134: Christian Draghici/Shutterstock; S. 136: etorres/Shutterstock; S. 138: Goskova Tatiana/Shutterstock; S. 141: Anna Hoychuk/Shutterstock; S. 143: Pinkyone/Shutterstock; S. 144: CKP1001/Shutterstock; S. 147: soeka/Shutterstock; S. 148: Happy Together/Shutterstock; S. 151: MAHATHIR MOHD YASIN/Shutterstock; S. 153: matka_Wariatka/Shutterstock; S. 155: Sea Wave/Shutterstock; S. 156: anna_speak/Shutterstock;

Weitere Bücher zum Kochen mit dem Thermomix®

Abnehmen mit dem Thermomix®
ISBN 978-3-86883-772-8

Basisch kochen mit dem Thermomix®
ISBN 978-3-7423-0331-8

Intervallfasten mit dem Thermomix®
ISBN 978-3-7423-0706-4

Die Low-Carb-Diät für den Thermomix®
ISBN 978-3-7423-0076-8

Tragen Sie sich jetzt unter **www.thermomix-fans.de** für unseren Newsletter ein und erhalten Sie kostenlose Rezepte und Infos zu neuen Veröffentlichungen!

riva